HÉLIO MENDES VEIGA

CONCILIAÇÃO BÔNUS DE UMA JUSTIÇA CÉLERE E EFICAZ

Mediação por meio da Justiça Restaurativa

2ª edição
revista, atualizada e ampliada

EDITORIAL DEL REY LTDA

www.editoradelrey.com.br

Editor: Arnaldo Oliveira

Editor Adjunto: Ricardo A. Malheiros Fiuza (*in memoriam*)

Coordenação Editorial: Letícia Neves

Diagramação: Studio Schaffer

Revisão: Alessandra Valadares

Editora:
Rua dos Goitacazes, 71 – Lojas 20 a 24
Centro - Belo Horizonte-MG
CEP 30190-909

Comercial:
Tel.: (31) 3284-3284 | 3293-8233
vendas@editoradelrey.com.br

Editorial:
editorial@editoradelrey.com.br

V426c Veiga, Hélio Mendes.

Conciliação Bônus de uma Justiça Célere e Eficaz: Mediação por meio da Justiça Restaurativa / Hélio Mendes Veiga; Prefácio: Luiz Flávio Gomes; Meira Lúcia Ramos. - 2. ed. - Belo Horizonte, MG : Editora Del Rey, 2020.
126 p.; 14,5x20,5 cm.

Inclui bibliografia.
ISBN 978-65-5791-017-7

1. Conciliação. 2. Direito. 3. Justiça Restaurativa. 4. Mediação. I. Título. II. Assunto. III. Veiga, Hélio Mendes.

CDD 340.15
CDU 34.08

20-99068005

ÍNDICE PARA CATÁLOGO SISTEMÁTICO
1. Direito: justiça, segurança, bem comum, etc.
2. Direito: Administração da justiça; Pessoal judiciário.

Ficha catalográfica elaborada pelo bibliotecário Pedro Anizio Gomes CRB-8 8846

HÉLIO MENDES VEIGA

CONCILIAÇÃO BÔNUS DE UMA JUSTIÇA CÉLERE E EFICAZ

Mediação por meio da Justiça Restaurativa

2ª edição
revista, atualizada e ampliada

Apresentação
Antenor Miranda de Campos

Prefácio
Meira Lúcia Ramos

Del Rey editora

Belo Horizonte
2021

Agradecimentos

Primeiramente a DEUS pela vida e oportunidade de escrever e publicar a 2ª edição desta obra.

Ao Doutor Antenor Miranda de Campos, desde os tempos da academia de direito, dileto Mestre de ontem, de hoje e de sempre, Gratidão!

À Professora Meira Lucia Ramos, eminente Procuradora do Município de Mogi Guaçu, por tecer irrefragável prefácio.

À Doutora Luciana Nogueira do Carmo, Exma. Juíza de Direito no Tribunal de Justiça do Estado de São Paulo, pela deferência ao compromisso de conciliador nos anos de 2010 a 2018.

À Paula Ferreira de Souza, Raquel Sonoda dos Santos Lima, Ingrid Valeriano e Rafael Koga, cúmplices de missão (2010-2018) em inúmeras tardes conduzindo audiências no JEC de Ferraz de Vasconcelos TJ-SP.

À Estefânia, minha Esposa e companheira, nessa caminhada.

Ao Francisco de Vasconcelos Mendes (Sr. Chico), pai, amigo e o meu melhor exemplo de resiliência e perseverança.

"Plenitude Restaurativa [1]

Pugnar pela plenitude condigna é propósito tenebroso;
De rigor os vis passarão a vê-lo com bons olhos.
Pugnar pela plenitude convincente é fadiga;
De rigor os escrotos passarão a vê-lo como opção.
Pugnar pela plenitude cabal é sepulcral;
De rigor o f*urbesco* buscará o fim do túnel usurpando sua luz.
Pugnar pela plenitude adequada é macabra;
De rigor o caliginoso verá em ti via de oportunidade.
Pugnar por plenitude restaurativa é missão honorífica jubilar.
Trocando lentes, regozijar-se à em Resplendes de luz! "

Hélio Mendes Veiga

---

1 Mendes Veiga, Hélio Silva de Vasconcelos; MARTINS, Gonçalo e outros. *Antologia de Poesia Brasileira Contemporânea*: "Além da Terra Além do Céu". São Paulo: Chiado Editora, 2020, v. IV.

Nota do autor

Publicada pela primeira vez em 2017, esta obra trata-se da segunda edição, revista, atualizada e ampliada, na qual acrescento dois temas que não foram abordados na primeira edição, entre eles à advocacia colaborativa e a mediação utilizando a justiça restaurativa.

Nesta é renovada a ideia central da primeira edição, refutando a despicienda resolução dos conflitos por meio da via tradicional do Judiciário que é, para muitos, penosa e quase sempre marcada pela triste sensação de injustiça.

Qual o motivo disso? Entre outros, podemos destacar excessiva quantidade de demandas que sobrecarregam nossos juízes, com inúmeras ações das quais muitas delas poderiam ser resolvidas por intermédio da auto composição.

Os métodos consensuais, sobretudo a conciliação, são um dos caminhos profícuos face de um Judiciário enfadonho e capenga, destarte, nessa 2ª edição exponho essenciais opções de participação social e novos caminhos para uma justiça célere e eficaz na resolução dos conflitos.

Trocando lentes, o tema é colocado à vista de quem vivenciou o cotidiano de precário acesso à prestação jurisdicional pelos cidadãos.

Valho-me da experiência de conciliador no JEC (TJ-SP 2010-

2018), da prática na advocacia bandeirante e procuradoria do Município de Mogi Guaçu para falar sobre o papel do Advogado na mediação, bem como abordo a justiça restaurativa aplicável aos processos administrativos no âmbito das prefeituras municipais.

Sobre o Autor

Hélio Silva de Vasconcelos Mendes Veiga

Procurador no Município de Mogi Guaçu - Estado de São Paulo. Escritor e Professor de Direito. Graduado em Ciências Jurídicas e Sociais pela Universidade Camilo Castelo Branco (2007), Mestrando em direitos difusos e coletivos na universidade metropolitana de Santos (2010). Possui Pós-graduação em direito público pela faculdade Damásio de Jesus (2008), em direito penal e legislação penal especial (2010) e em direito internacional pelo Centro Universitário Salesiano de São Paulo (2012). É Especialista em Educação - EAD pela Universidade Braz Cubas-SP (2016). Atuou como conciliador no Tribunal de Justiça do Estado de São Paulo (2011-2018), suas realizações e práticas com uso dos métodos consensuais e alternativos de resolução dos conflitos, foram selecionadas pelo INSTITUTO INNOVARE, concorrendo em 17ª edição do prêmio Innovare - Brasil (2020).

Sumário

Prefácio à 1ª Edição

O livro "Conciliação – Bônus de uma Justiça Célere e Eficaz", do Dr. Hélio Silva de Vasconcelos Mendes Veiga, que é advogado de grande talento e que tem extraordinária experiência como conciliador (no Tribunal de Justiça de São Paulo), antes de tudo, é um convite à razoabilidade, ao bom senso e à mudança do velho paradigma da judicialização litigiosa dos conflitos.

O tema transcende em muito os meandros da Justiça e nos conduz a perguntar sobre o papel que podemos desempenhar no mundo em que vivemos? Quando fazemos essa reflexão, logo percebemos que nosso verdadeiro propósito tem que ser o de eliminar os conflitos que nos impedem de obter progressos e tranquilidade.

São inegáveis, como evidencia o autor, os profícuos resultados conquistados pela conciliação ou mediação, gerando redução ao excesso de judicialização, à quantidade de recursos e à execução de sentenças. A tese central do livro discorre sobre a necessidade de organizar e uniformizar a atuação dos conciliadores e mediadores, utilizando-se para isso particularmente o ensino à distância.

Estamos plenamente de acordo, mas o mais urgente é romper a resistência que nossa cultura (social e jurídica) apresenta em relação ao uso de técnicas alternativas para a resolução dos nossos conflitos. É mesmo uma questão de mudança de cultura (afastando-se dela a beligerância), que é a última barreira a ser vencida, depois das corretas alterações legislativas já promovidas (lei da mediação e Código de Processo Civil).

Continuamos ainda prisioneiros da velha mentalidade da guerra, porque todo poder é resultado dela (Foucault). A ideia da inevitabilidade do ganhar ou perder continua sendo um estímulo à busca desenfreada pelo Judiciário, que hoje está abarrotado de uma incomensurável enxurrada de processos.

O espírito de luta, de guerra, naturalmente nos conduz à busca de um litígio clássico (judicializado), porque dentro dele a guerra prossegue. Aliás, devemos falar em guerras, no plural, porque à original agrega-se outra de natureza processual.

Nisso residiria uma das explicações para nossa preferência pela heterocomposição dos conflitos (solução por um terceiro), no lugar da autocomposição (solução pelos próprios interessados), que é vista como algo negativo. O rompimento dessa barreira constitui o grande desafio.

Do paradigma conflitivo temos que avançar para o paradigma do consenso, do acordo, da conciliação, da mediação. A melhor maneira de se alcançar esse objetivo é diuturnamente mostrando as suas vantagens, os seus pontos positivos.

Foi isso que o autor pretendeu fazer com seu livro. O paradigma da judicialização (diz o autor) "é uma espécie de paternalismo inconsciente da coletividade, funcionando como uma espécie de muleta, que torna real a incapacidade ou idoneidade dos cidadãos para tomar suas decisões sem que o Estado julgue corretas, ensejando a deletéria restrição de real acesso à justiça".

Nesse novo paradigma o advogado deixa de ter aquela característica preferencial pela contrariedade, pela litigância, e passa a funcionar mais como um consultor, como um orientador para seu cliente, passa a atuar como um facilitador do processo de negociação para o Judiciário.

O advogado, na medida em que passa a conhecer os métodos consensuais, tem condições de assistir ao seu cliente e a população em geral nos processos em que houver a necessidade de negociação.

O ensino à distância pode contribuir muitíssimo nessa tarefa de difusão das formas conciliadores de resolução de conflitos, superando fatores relacionados ao tempo, localização, trânsito, aliado ao conforto e comodidade que as novas tecnologias proporcionam, permitindo ao interessado estudar com qualidade em sua própria residência.

A enorme flexibilidade permite estudar a qualquer hora, em qualquer lugar, seja de modo linear ou não, desde que tenha acesso às tecnologias determinadas no projeto pedagógico.

Tudo quanto foi sugerido pelo autor constitui, sim, um caminho para a busca da pacificação individual e social.

Nas formas alternativas de resolução de conflitos (conciliação, mediação e arbitragem), o emprego de técnicas de consenso cientificamente testadas e voltadas para a preservação das relações reduz o desgaste emocional dos envolvidos na medida em que busca facilitar a comunicação entre eles.

Os bônus que esses resultados trazem não só se aplicam para a Justiça (célere e eficaz), senão também, e, sobretudo, para os envolvidos na contenda.

Somos um animal social (político, dizia Aristóteles). Nós nascemos para dialogar, embora alguns teimem em usar a via da violência e o litígio para a solução dos conflitos.

A reunião individual com as partes mostra-se como excelente ferramenta para abordar questões subjetivas que influenciam na resolução do conflito.

Embora distintas, é possível por meio da conciliação e da mediação restabelecer relações, uma vez que a resolução da controvérsia é construída pelos envolvidos com o auxílio dos mediadores e conciliadores, de maneira responsável, imparcial e com critérios objetivos.

As soluções propostas para os conflitos são pensadas juntamente com os envolvidos que conhecem o problema. Não há imposição de terceiros. Por essa razão é que os acordos tendem a ser mais efetivos e espontaneamente cumpridos, prevenindo a reedição do mesmo problema.

Num país com mais de 100 milhões de processos em andamento, em virtude do esgotamento do Judiciário para dar vazão à avalanche de demandas, não há como não aprofundar o uso alternativo na solução dos conflitos.

Se com determinação descobrimos nosso objetivo, fazemos tudo para extirpar do nosso passado aquilo que impede uma vida plena e saudável no presente e no futuro.

Quando nosso escopo na vida não está claro é muito fácil nos perdermos ao longo da nossa viagem. É muito fácil perder o rumo que gostaríamos de seguir e vagar à deriva, extraindo da vida muito menos do que aquilo que poderíamos alcançar.

Luiz Flávio Gomes

Jurista e Presidente do Instituto Avante Brasil.

Nota de Falecimento do Professor Luiz Flávio Gomes.

O falecimento do professor Luiz Flávio Gomes, às vésperas da publicação desta edição, fez necessária a elaboração desta homenagem específica de registro da **plenitude de sua vida**, nossa gratidão por uma carreira dedicada ao direito e pela confiança depositada para atualização deste livro. Olhando retrospectivamente, essa parece ser a síntese da vida de um homem profundamente religioso, comprometido com a causa da educação e que, com sua inteligência insuperável, colocou suas convicções religiosas a serviço da tolerância, da justiça e do conhecimento.

Ao mestre Professor Luiz Flávio Gomes expresso gratidão mesmo depois de alcançar todas as láureas da vida acadêmica, Nascido em 6 de maio de 1957 foi um jurista, professor e político brasileiro. Entre outros cargos, foi policial civil, delegado de polícia em 1980, promotor de justiça em São Paulo de 1980 a 1983, juiz de direito em São Paulo de 1983 a 1998 e advogado de 1999 a 2001. Também foi individual expert observer do X Congresso da ONU, realizado em Viena de 10 a 17 de abril de 2000, membro e consultor da delegação brasileira no décimo período de sessões da Comissão de Prevenção do Crime e Justiça Penal da ONU, realizado em Viena de 8 a 12 de maio de 2001, e secretário geral do Instituto Panamericano de Política Criminal (IPAN).

Deputado federal pelo Estado de São Paulo Elegeu-se com 86.433 votos, exercendo o cargo desde 1° de fevereiro de 2019 até seu falecimento em 1° de abril de 2020, tendo se licenciado para tratamento de saúde em 10 de setembro de 2019. Tornou-se conhecido principalmente por fundar a Rede LFG, primeira rede de ensino Tele presencial da América Latina, bem como por sua produção acadêmica sobre direito penal e direito processual penal. Publicou mais de 60 livros, tendo o último sido O Jogo Sujo da Corrupção (2017). Foi criador do movimento de combate à corrupção "Quero um Brasil Ético". Foi comentarista do Jornal da Cultura.

Entre tantas e outras homenagens recebidas de alunos, ex -alunos e colegas não o distanciaram de seus discentes sempre de forma humilde, fato esse também comprova através do aceite ao convite feito pelo autor Hélio Mendes Veiga, fazendo questão de tecer o texto prefácio da primeira e apresentação dessa segunda edição. Seu amor pelos livros e pelo mundo foi o incentivo necessário para que muitos de seus alunos se aventurassem à estudar, as diferenças de opinião nunca impediram que LFG auxiliasse seus alunos. Os exemplos de generosidade são muitos e enumerá-los seria impossível. No ambiente fraterno e intelectualmente instigante criado por LFG– um educador cujo maior prazer era formar jovens, transmitindo-lhes valores intelectuais, morais e filosóficos, floresceram carreiras acadêmicas e amizades duradouras entre seus alunos. LFG foi um homem virtuoso e continuará, por muitas gerações, sendo o professor dos professores de nossa disciplina.

A recente partida do mestre (01\04\2020) é uma perda pessoal para aqueles que tiveram o privilégio de com ele conviver e para o direito penal, e, nos últimos anos com **maestria abordan-**

do a mediação, ensejo necessário destacar que é o fundador do instituto Luiz Flavio Gomes de Mediação referência nesta área. Em verdade, Luiz Flávio Gomes permanecerá vivo nos corações e mentes de seus alunos, pois, ser professor é uma forma de imortalidade, seus ensinamentos e exemplo continuarão por meio de todos aqueles que tiveram a sorte de tê-lo como professor.

De fato, tanto a primeira como a segunda edição da obra **Conciliação – Bônus de uma Justiça Célere e Eficaz,** contaram com o olhar único de Magnífico **Professor Luiz Flávio Gomes**, que buscava, acima de tudo, **ensinar**, construir uma ponte entre a geração dos grandes mestres da disciplina e as gerações futuras.

Prefácio à 2ª edição

Diversas são as formas de solução de conflitos, dentre elas, a autotutela, a jurisdição, a arbitragem, a mediação e a conciliação.

O Estado, por meio da função jurisdicional exercida pelo Poder Judiciário, assumiu para si o poder-dever de solucionar os conflitos de interesses, mas que, segundo o autor deste livro, nesta função, "o Judiciário não tem andado muito bem, pois além de trazer aborrecimentos e incertezas com relação ao resultado, é uma justiça lenta e custosa".

O livro "Conciliação – Bônus de uma Justiça Célere e Eficaz", de autoria do Dr. Hélio Silva de Vasconcelos Mendes Veiga, talentoso e dedicado Procurador do Município de Mogi Guaçu, atualmente Chefe do Setor de Sindicância e Processos Apuratórios, leva-nos a enxergar a necessidade de uma mudança do velho paradigma da judicialização por métodos consensuais de resolução dos conflitos, em especial a conciliação, que, segundo experiência do próprio autor, vem produzindo na prática resultados satisfatórios.

Segundo o autor, somos membros de uma sociedade beligerante e voltada para a litigiosidade, o que justifica uma busca desenfreada pela função jurisdicional do Estado, gerando um Judiciário sobrecarregado de processos para serem solucionados. Mas para ele, não basta a regulamentação do método consensual de resolução de conflitos pelo novo Código de Processo Civil, a nomeação de conciliadores pelos Tribunais, tampouco a edição da Lei da Arbitragem (Lei nº 13.129/2015) ou a edição de resoluções pelo Conselho Nacional de Justiça, sendo tais mudanças inócuas se não existir um trabalho de conscientização coletiva.

Continuando, o autor, no decorrer do seu livro, aborda, ainda, alguns métodos de resolução do conflito, dentre eles, a autotutela, que consiste na utilização da própria força pelo interessado para fazer valer o seu direito; a heterocomposição, em que o conflito é dirimido por um terceiro (Estado- Juiz); e a autocomposição, defendida pelo autor como melhor forma de se mudar o paradigma, em que os próprios interessados, sem a intervenção de um terceiro, resolvem a lide em comum acordo.

Ainda, o livro aborda algumas experiências do autor junto aos Juizados Especiais, enquanto conciliador, parte ou advogado de uma das partes, defendendo, dentre outros benefícios da Lei dos Juizados Especiais (Lei nº 9.099/95), a celeridade processual e a contribuição dos Juizados Especiais para a implantação do novo paradigma.

O autor ressalta, ainda, em seu livro a advocacia colaborativa, utilizada em conflitos familiares, em que advogados assumem o compromisso ético de não atuarem no contencioso para a solução de um litígio, buscando a conciliação como forma de solução do conflito com a ajuda de uma equipe multidisciplinar, composta por vários profissionais de outras áreas do conhecimento, dentre eles o profissional da saúde, que atuarão dando suporte no âmbito jurídico, emocional, financeiro.

Continuando, destaca o autor o papel do advogado na mediação, especificando algumas formas de mediação, dentre elas, a mediação *on line*, a mediação intraempresarial, a mediação interempresarial, a mediação familiar, a mediação na área cível, a mediação ambiental, a mediação na área da saúde e a mediação escolar.

Por fim, na 2ª edição de seu livro, o autor aborda, também, a justiça restaurativa, considerada por ele como um modelo adequado a ser utilizado nos processos administrativos do Setor de Sindicância e Procedimentos Apuratórios, aonde atua enquanto presidente das Comissões.

A mediação, nesse modelo de justiça, é utilizada como forma de resolução de um conflito de natureza criminal. Através de um mediador, como facilitador de todo o processo, e não pela figura do Juiz, haverá a composição de danos de natureza criminal.

Dra. Meira Lucia Ramos

Mestre em Educação Profissional Pela UNASP.
Professora Especialista em Direito Processual Civil.
Procuradora do Município de Mogi Guaçu.

Apresentação

Antenor Miranda de Campos.

Honrou-me o convite que me foi dirigido pelo professor Dr. Hélio Silva de Vasconcelos Mendes Veiga, a quem conheço desde os tempos da Academia de Direito (prova inconteste de que o discípulo pode sim superar o mestre), para apresentar esta sua importante obra "Conciliação – Bônus de uma Justiça Célere e Eficaz".

Como advogado, professor, estudioso do tema e com experiência acumulada como conciliador no Tribunal de Justiça do estado de São Paulo, Hélio Mendes Veiga tem toda a autoridade para disseminar a necessidade de rompimento com o paradigma tradicional de realização da justiça, marcado pela excessiva judicialização dos conflitos e sua substituição por novos mecanismos de pacificação social.

De fato, não há como negar que no Brasil de hoje predomina o paradigma da litigiosidade, como resultado da equivocada interpretação do cânone do artigo 5º da Constituição Federal, cujo inciso XXXV encerra o Princípio da Indeclinabilidade da prestação Jurisdicional, ao dispor que a lei não excluirá da apreciação do Poder Judiciário lesão ou ameaça a direito.

A provar essa litigiosidade excessiva, basta recorrer ao relatório "*Justiça em Números de 2015*" do CNJ, cujos dados revelam que 99,7 milhões de processos tramitavam no Judiciário brasileiro no ano de 2014 (quase um processo para cada dois brasileiros) e, destes, 92% no primeiro grau de jurisdição.

Essa demanda exuberante termina por sobrecarregar os nossos juízes, levando conflitos, por vezes simples, a se procrastinar por anos a fio, até chegar ao provimento final, a despeito do Princípio da Razoável Duração do Processo insculpido no inciso LXXVIII do artigo 5º de nossa Carta Política.

O relatório do CNJ revela, ainda, a reduzida capacidade produtiva do primeiro grau de jurisdição, em torno de 27% da demanda e uma taxa de congestionamento da ordem de 73%.

Todos esses dados evidenciam a insuficiência da concentração de esforços na redução dos índices de crescimento de demandas nos cartórios judiciais, o que só se verificará com a substituição do paradigma da contenciosidade, pela solução pacífica dos conflitos por meio da arbitragem, da mediação e da conciliação.

Em seu livro, o autor recapitula, com muita didática, os três modelos de solução das lides: 1º) a autotutela (o arcaico); 2º) a heterocomposição (o vigente); e 3º) a autocomposição (o que se pretende disseminar).

O Autor deixa claro, com muita propriedade, que "conciliar não significa abrir mão de seus direitos, mas, antes, garanti-los de forma mais célere e eficaz, sem o desgaste da contenciosidade".

Discorre o autor sobre dispositivos do novo Código de Processo Civil (CPC) que traz todo um capítulo relativo às formas de resolução dos conflitos pela via da conciliação.

Daí a importância desta obra, que de maneira clara, objetiva e didática, coloca o tema ao alcance dos estudantes e dos profissionais das mais diversas áreas do conhecimento humano, como do Direito, da Educação, da Psicologia, da Sociologia, dentre outras, enriquecendo-a com ilustrações, gráficos e dados estatísticos bastante elucidativos.

Agora, o Professor Hélio Mendes Veiga nos brinda com a segunda edição de sua majestosa obra, revista, atualizada e ampliada, acrescentando três novos capítulos, o Capítulo IV, sobre a Advocacia Colaborativa e os Capítulos VI e VII sobre a Justiça Restaurativa e sua aplicabilidade em diversas áreas do direito.

No Capítulo IV, o autor traz evidências de que a advocacia tradicional, marcada pela contenciosidade e voltada à fomentação de demandas, parte de um sistema Judiciário retrógrado, enfadonho e capenga, urge que seja substituída pela advocacia moderna, traçando novos rumos, novos caminhos, pela prática de medidas extrajudiciais consistentes na resolução consensual de conflitos.

Nesse contexto, o advogado deixa de ser o patrono de uma parte que figura num dos polos de determinado litígio, para tornar-se um negociador entre seu constituinte e a parte adversa, pois, como acentua, "o advogado do futuro não é aquele que propõe uma boa demanda, mas aquele que a evita",[2] buscando solução dos conflitos nas práticas colaborativas e nos métodos consensuais, cabíveis, hoje, em diversos ramos do direito: civil, penal, trabalhista administrativo, ambiental.

Com o propósito de realçar a imperiosidade de se substituir a advocacia da demanda pela da negociação, traça a história e

---

2 BARROSO, Min. Luis Roberto.

a evolução desse novo modelo, desde suas origens por volta de 1990, até os nossos dias, nomeando alguns de seus expoentes, como Shart Webb, Pauline Tesler e Peggy Thompson.

No âmbito do direito penal convém destacar que as polícias já vêm adotando tais práticas, a exemplo da implantação de núcleos denominados NECRIM em diversas delegacias de polícia, objetivando pacificação de determinados conflitos familiares e sociais.

Sobre a Justiça Restaurativa, que o autor cita como um meio de mediação, ele demonstra tratar-se de um método que se destaca pela valorização da criatividade e da sensibilidade na escuta das partes envolvidas num conflito, citando experiências que vêm sendo realizadas nos estados de São Paulo e do Rio Grande do Sul, bem como o Protocolo do C.N.J. de Cooperação para difusão da justiça restaurativa.

Por derradeiro, não é demais aduzir que, por mais que evolua a nobre missão do advogado, permanece irretocável o conceito de direito e de justiça que deles tinham os romanos, precursores de nosso direito, no sentido de que, exercer o direito e praticar a justiça consiste em *honeste vivere, alterum non laedere et suum cuique tribuere*, seja: "viver honestamente, não lesar aos outros e dar a cada um o que lhe pertence."

São Paulo, 17 de janeiro de 2020.

Dr. Antenor Miranda de Campos.

Mestre em direito pela Universidade Mackenzie.
Delegado de Polícia Civil-SP e Docente titular da *Academia de Polícia* "Dr. Coriolano Nogueira Cobra" – ACADEPOL-SP.

Introdução

"A justiça humaniza cada pessoa e a toda sociedade"

Por Antônio Luiz Marchioni.

Surpreendeu-me o convite do Dr. Hélio Mendes Veiga para tecer introdução de tão importante obra. Seu livro, por certo, trará grandes benefícios e poderá ajudar a muitos que anseiam, assim como o autor, por uma justiça mais célere, prestativa e ágil perante a demanda excessiva de processos que, em sua imensa maioria, poderiam ser solucionados por meio da conciliação.

É senso comum entre os brasileiros a afirmação de que a "justiça é lenta para com muitos e excessivamente ágil para com outros". Costuma-se dizer, também, que aqueles que podem pagar um bom advogado conseguem maior agilidade em seus processos. Será isso meramente senso comum ou há alguma verdade na afirmação? E ainda que o seja somente senso comum, não podemos nos furtar ao reconhecimento de que este, nas mais das vezes, traz em sua essência verdades colhidas em meio ao povo?

Não é segredo que o tempo demandado para julgamento de um processo judicial em nosso país, por vezes extrapola qualquer razão. Anos e até mesmo décadas são contados até que um ou outro processo tenha sua solução apontada.

Esta verdade faz com que muitos brasileiros abram mão de direitos fundamentais, quando confrontados em seu dia a dia com situações que exijam abertura de um processo judicial. Tristemente, tais fatos nos levam a concluir pela prática cotidiana de injustiças por parte, sobretudo, daqueles que deveriam dar exemplo. E o pior, tudo isso faz o povo acreditar que a morosidade da justiça brasileira lhe serve de escudo protetor. Por outro lado, o excessivo número de processos em tramitação nas várias esferas judiciárias e o reduzido quadro de juízes, promotores e demais profissionais do setor confirmam a morosidade na solução dos processos.

Estamos, então, diante de um quadro nada agradável no que se refere ao Poder Judiciário. E, para agravar ainda mais, temos o excesso de judicialização de questões de responsabilidade de outros poderes. Podemos citar, como exemplo, o apelo feito pelos Poderes Executivo e Legislativo ao Poder Judiciário para que este resolva questões que deveriam ter sido solucionadas nas esferas a elas cabíveis. Os motivos que os movem a tomada de tais atitudes não iremos aqui abordar por não ser este o nosso objetivo. Além do mais, a imprensa nacional já tem dado demonstrações mais que suficientes sobre o porquê de tais ações.

Essas e tantas outras razões, levam-nos a acreditar piamente na importância da obra produzida pelo Dr. Hélio Mendes Veiga. Por certo, a conciliação poderá agilizar a solução de inúmeros processos.

Mas, infelizmente, a maioria do povo brasileiro não conhece a formalidade "Conciliação" como meio legal e justo na solução de problemas que, aparentemente, requerem a abertura de um lento e desgastante processo judicial. E, ainda que o conhecessem, teriam certa reserva no que se refere em acreditar na sua eficácia e legalidade. Por incrível que possa parecer, a realidade do Judiciário brasileiro impregnou de tal forma na mente das pessoas (e não sem razão) que a justiça é tão demorada que, na maioria das vezes, não vale a pena a ela recorrer.

Daí, conclui-se: para que haja justiça, é necessário o transcorrer de anos e anos e, se não for assim, não haverá justiça, como determina a cultura popular. Estamos diante de um paradoxo, pois a morosidade da justiça, torna-se uma injustiça para com aqueles que necessitam de sua agilidade. Ao mesmo tempo, não se recorre a ela, a justiça, em razão de sua vagarosidade.

É preciso mudar este quadro, esta triste realidade. E, parece-nos que algumas iniciativas estão sendo adotadas nesta direção. Em tempos recentes, mutirões de conciliação têm sido realizados pelos tribunais de justiça logrando grande êxito, o que, parece-nos apropriado dizer, deveria ser seguido por outras instâncias do Direito. Mas ainda assim, não temos visto campanhas ou edições de matérias que possam trazer esta certeza aos brasileiros. A Conciliação pode ser uma das respostas.

Entretanto, para que possa haver a Conciliação, antes necessitamos do Conciliador. Este, por sua vez, deve ser bem formado e, não queremos dizer com isso, com grande formação acadêmica (o que já é, de certo modo, uma necessidade), mas com grande formação humanística que lhe torne capaz e compreender o sentimento das pessoas, e o que as levou a adotarem medidas judiciais contra seu semelhante.

Daí a certeza de que esta obra de Hélio Mendes Veiga perpassará as esferas da Psicologia, da Psicopedagogia, do Direito Natural, da Sociologia, da Política e de tantas outras matérias. Estamos, então, diante de uma obra de elevadíssimo teor humanístico.

Isto posto, só nos resta desejar ao autor sucesso com sua obra "Conciliação – Bônus de uma Justiça Célere e Eficaz". Por certo, se tornará livro de consulta para muitos profissionais do Direito, da Sociologia, das Políticas Públicas, da Educação, da Saúde, da Psicologia, dos Direitos Humanos, Líderes Comunitários, Diretores de ONGs, dentre outros.

A conciliação é, em nosso entendimento, visto não pertencermos ao campo do Direito, um caminho ágil que poderá auxiliar as pessoas envolvidas com questões litigiosas, como nos mostra o Dr. Hélio Mendes Veiga por meio de dados apresentados nesta obra.

Parabéns Hélio! Coragem sempre pela CULTURA DA PAZ. Perseverança na conquista da JUSTIÇA para todos e todas.

1

EVOLUÇÃO HISTÓRICA

Evolução social e uso de novas tecnologias

A evolução da sociedade e a real necessidade de mudança em face da despicienda morosidade do Estado na aplicação da lei ensejaram a tomada de providencias pelo conselho nacional de justiça, que, em 2010 ao publicar a Resolução nº 125, o CNJ buscou iniciar efetivamente a implementação de uma política pública de incentivo e aperfeiçoamento dos mecanismos consensuais de solução dos conflitos.

Todavia, são incontestes os profícuos resultados conquistados pela conciliação, aliás é cristalino que tal instrumento tem gerado redução ao excesso de judicialização dos conflitos de interesses, da quantidade de recursos e, principalmente, da execução de sentenças.

Diga-se, ademais, que tais ações como políticas públicas e instrumentos efetivos de pacificação social têm se mostrado apropriados. Nesse rumo, adrede, deve-se uniformizar a atuação dos conciliadores e mediadores, bem como renovar o essencial papel social do advogado na administração da justiça, trocando as lentes estimular a mudança de cultura com o propósito de profligar a heterocomposição em casos passíveis de aplicação dos métodos consensuais de resolução de conflito.

O judiciário e a necessidade de mudança

O Judiciário não tem andado muito bem. Essa afirmação parece ser unânime entre os brasileiros que em algum momento buscaram a prestação jurisdicional, razão pela qual acredito ser vantajosa à elaboração da presente, de modo que possamos disseminar alguns aspectos sobre os métodos consensuais de resolução de conflito, qual seja: a conciliação.

É visível a importância que a conciliação possui dentro do novo Código de Processo Civil que entrou em vigor em março de 2016. *A priori*, sobre a presente explanação, é necessário descrever que inexiste qualquer tipo de pretensão visando demonstrar a descoberta do "ovo de Colombo".

Isso posto, existe tão somente o desejo de semear a importância que o assunto possui em face do falido sistema vigente. Igualmente, acreditamos que os métodos de resolução consensual de conflitos, adredemente, surge como uma opção possível de ser alcançado, em contraposição da cultura beligerante e ao paradigma existente.

Atuei como conciliador no JEC de Ferraz de Vasconcelos (2010-2018), e, seguindo as normas da Resolução nº 125 do CNJ, prestei o compromisso junto ao Tribunal de Justiça do Estado de São Paulo. Pedindo vênias aos colegas da comunidade acadêmica, respeitando quaisquer opiniões diversas e deixando de lado o patrulhamento ideológico, acredito que poderei expor algumas ideias sobre a matéria em comento sob a óptica de quem possui o contato direto com a questão.

Inicialmente, digo eu que a função de conciliador não é nada fácil, certo mesmo é que nossa presença conduzindo as audiências não deve ser rotulada como mero requisito da validade do acordo homologado.

Do ato de apregoar as partes até a homologação de um acordo, é inconteste que há o contato direto com as partes de uma sociedade de guerra, é mister enfatizar o fato que vivemos e somos partes de uma sociedade armada, beligerante e focada na litigiosidade.

Por outro lado, sem dúvida a atuação do conciliador traz a sensação diária de missão cumprida, pois além da enorme satisfação pessoal em poder conciliar as partes, estamos concretizando a ideia jus filosófica de um direito natural.

Quando conquistamos da autocomposição, em verdade e de modo inconsútil estamos praticamos a insigne ideia de justiça universal de forma inexorável e robusta, conforme ensina Maria Helena Diniz ao citar Tomás de Aquino:

> o homem deve praticar a justiça, dando a cada o que é seu, o homem não deve lesar o próximo, deveres do ho mem com a sociedade.[3]

Por outro lado, afastando o patrulhamento ideológico e as convicções filosóficas, a cada acordo homologado é um processo a menos na fila de espera da máquina judiciária e que sobrecarrega nossos magistrados. Portanto, a conciliação, além de trazer satisfação pessoal, é geradora de benefícios para a coletividade e essencial à *res pública*.

---

3 HELENA DINIZ, Maria. *Compêndio de introdução à Ciência do Direito*: Introdução à Teoria Geral do Direito, à Filosofia do Direito, à Sociologia Jurídica e à Lógica Jurídica. Norma Jurídica e Aplicação do Direito. 22. ed. São Paulo: Saraiva, 2011.

Diga-se, ademais, o Poder Judiciário não tem sido eficaz o quanto se espera, e, assim, parece ser um consenso geral na qual predomina a ideia de que buscar a máquina judiciária é sinônimo de procurar por aborrecimentos e incertezas quanto ao resultado, além de ser uma justiça lenta e cara.

Fonte: Portal de notícias: O outro lado da Moeda. Disponível em: <http://ooutroladodamoeda.com.br/2012/12/para-desafogar-judiciario-agu-desiste-de-processos-no-tst/>.

"In limine", de rigor o que temos é a situação consolidada com um Judiciário precário vez que inconteste a circunstância detida, são inúmeros processos parados, varas com um amontoado de papel, pilhas e mais pilhas de processos, uma justiça lenta, uma justiça cara, o custo do processo é caro demais, uma justiça com morosidade absurda.

Diante do quadro nada agradável em que se encontra nosso ordenamento Judiciário, os métodos consensuais de resolução de conflito, sobretudo a conciliação, insurgem com resultados excepcionais, demonstrando a real eficiência desse novo modelo de acesso à justiça.

De modo ativo o CNJ por meio da Resolução nº 125 de 2010 refrega pela inserção, execução e manutenção desse novo paradigma, outrossim, regulamenta as formas de capacitação dos conciliadores e mediadores, e, igualmente ao novo CPC, norteia a temática.

Contudo, a presente obra traz a lume as vantagens que existem na criação e execução de capacitação dos conciliadores e mediadores por intermédio da modalidade de ensino à distância. bem como de se adotar a tendência denominada de advocacia colaborativa.

A busca da paz em sociedade

Viver é conviver, e tal situação de relacionamento entre os seres humanos necessita de uma ordenação anterior dos atos individuais, ou seja, regras de conduta. Não obstante, sobre tal necessidade, urge trazer à baila à famosa expressão: "Homem vira o lobo e o lobo come o homem."

Na mesma toada ideológica sobre a liberdade em Hobbes:

> O estado de natureza é o modo de ser que caracterizaria o homem antes de seu ingresso no Estado Social (...) que levado por paixões o homem precisa conquistar o bem, ou seja, as comodidades da vida, aquilo que resulta prazer. O altruísmo não seria, portanto, natural. Natural seria o egoísmo inclinação geral do gênero humano, constituído por um perpétuo e irrequieto desejo de poder e mais poder que só termina com a morte.[4]

---

4 HOBBES, Thomas. *Leviatã ou Matéria e poder de um estado eclesiástico e civil*. Thomas Hobbes de Malmesbry; tradução de João Paulo Monteiro e Maria Beatriz Nizza da Silva. 256 ed. São Paulo: Abril Cultura 1979 (Os Pensadores), p. 17-18.

Nesse passo, segundo Hobbes, o instinto de conservação e sobrevivência é um padrão que ensina os indivíduos, que ao entrarem em contato com a sociedade, a todo custo, buscam a preservação de sua vida, e quando esta é ameaçada, o homem não vive em cooperação natural como fazem as abelhas e as formigas, o ACORDO entre elas são naturais, já entre os homens só pode ser artificial, assim ao homem se faz necessário a busca pela paz, pela razão que:

> Não sendo possível a Paz é preciso procurar em toda a parte os recursos para guerra sendo lícito empregá-los. De qualquer modo a paz é a dimensão mais compatível com o instituto de conservação. Nesse sentido, os homens são levados a estabelecer um contrato em si. O contrato é uma transferência mútua de direito, o pacto enquanto a conservação da vida estiver ameaçada. Para que seja durável a paz obtida pelo contrato social (...) a paz imprescindível à conservação da vida que a razão solicita cria o pacto social e, através deste, o homem é introduzido na ordem moral.

O contrato social e função Jurisdicional

A liberdade é um bem supremo, e, naturalmente, os processos educativos quanto às relações sociais na maioria é centralizada na busca da liberdade, outrossim, conforme ensina J.J. Rousseau, a ideia de democracia, deve ser entendida como um direito e dever ao mesmo tempo, assim sendo: "Todos nascem homens livres; a liberdade lhes pertence e renunciar a ela é renunciar a própria qualidade de homem."[5]

---

5 ROUSSEAU, Jean-Jacques. *Do contrato Social*: discursos sobre a origem da desigualdade entre os homens. Tradução de Lourdes Santos Machado. 2. ed. São Paulo: Abril Cultural, 1978, p.18.

O Estado é um corpo social e recebe tal forma por intermédio da carta política (Constituição Federal), toda sociedade pressupõe uma organização que, por sua vez, é fornecida por um conjunto de preceitos imperativos sobre os indivíduos a fim de delimitar as condutas sociais. No mesmo sentido, em John Locke, admite-se a perda da liberdade quando afirma que "O próprio homem, por ser livre por natureza, não pode ser privado desta condição e submetido ao poder do outro sem o próprio consentimento".[6]

O contrato social abordado neste tópico refere-se a um acordo tácito ora firmado entre os cidadãos que habitam o país em face do rei (Chefe de Estado e Chefe de Governo), ou seja, o cidadão abre mão de algumas liberdades e, porquanto em contrapartida, o Estado assume compromisso de organização da *polis* por intermédio da ordem jurídica com objeto principal de se manter a paz social.

Nessa toada, Jean-Jacques Rousseau trouxe a ideia exarando a forma de associação na qual: Cada indivíduo, ao unir-se ao coletivo, deve obedecer a um conjunto de regras. E ainda que faça parte da coletividade, é mantida a individualidade de cada ator social, todavia, dá-se para todos e não dá a ninguém por exclusividade, J.J. Rousseau definiu tal ideia dizendo que:

> As possibilidade de desigualdade e injustiça entre os cidadãos são evitadas mediante a total alienação de cada associado com todos os seus direitos em benefício da comunidade, não sendo total essa alienação, o indivíduo ficará exposto à dominação pelos outros (...) a alienação total ao Estado envolve igualdade ainda noutro sentido,

---

6 MELLO, A. Leonel. *In*: Francisco C. Weffort. *Os Clássicos da Política* – Volume 1. 12. ed. [S.l.: s.n.], 1999. Capítulo: 4. John Locke e o individualismo liberal, p. 81-89.

> na medida em que a vontade geral não é autoridade externa obedecida pelos indivíduos a despeito de si mesmo (...). Aceitando a vontade geral o cidadão não só passa a pertencer ao corpo moral coletivo, como adquire liberdade obedecendo a uma lei que prescreve a si mesmo (...) essencialmente democrática, na medida em que fez depender toda autoridade e toda soberania de sua vinculação com o povo em sua totalidade (...). A lei como um ato da vontade geral e expressão da soberania, é de vital importância pois determina todo o destino do Estado. Assim todos os legisladores têm relevante papel no contrato social.[7]

A norma e a ordem jurídica são necessárias ao Estado em sua vocação do exercício do bem, portanto, cabe a ação de chefe de Estado, ou Governo, combater os impulsos individuais quase sempre preenchidos da motivação egoísta do interesse individual qual seja: a ambição, a inveja, a vontade de domínio é que motiva a ação do homem, nesse sentido a obra *O Príncipe* de Maquiavel leciona que:

> Porque, de modo geral, pode-se dizer que os homens são ingratos, volúveis, fingidos e dissimulados, avessos ao perigo, ávidos de ganhos; assim enquanto o príncipe agir com benevolência, eles se doarão inteiros (...) os homens têm menos escrúpulos em ofender alguém que se faça amar a outro que faça temer (...).[8]

Nessa esteira, todavia, se largados a seus impulsos os homens são os inimigos dos homens, como diria Hobbes, e um século depois Maquiavel ensina que sem algo que os ordene e do-

---

7 ROUSSEAU. Op. cit., p. 18.

8 CARDOSO, Fernando Henrique. *O príncipe – Nicolau Maquiavel – Prefácio de Fernando Henrique Cardoso.* Tradução de Maurício Santana Dias. São Paulo: Editora Schwarcz Ltda. 2010, p.13.

mine reinará o conflito e anarquia, e, portanto, conforme afirma Fernando Henrique Cardoso "a arte da política consiste precisamente em organizar a cidade, o Estado e a Sociedade".

A cultura de guerra

Como bem escreveu Aristóteles "o homem é um animal político cuja natureza é viver em 'polis' em comunidades".[9] É notável a existência de princípios antagônicos geradores de novas realidades, da mobilidade e o caráter instável das coisas.

Posto isso, associado a ideia de que tudo no mundo se transforma e se consome rapidamente, *Hegel*, filósofo alemão do século XVII, traz a expressão grega *dialética*, e que nos demonstra o aspecto positivo do processo de negação e transformação gerado na tríade idealista da TESE, ANTÍTESE e SÍNTESE.

Em suma, a polaridade dialética preconiza que a guerra é o pai de todas das coisas, razão pela qual, se aderirmos a esta filosofia, é possível extrair a ideia do conflito dos opostos, e que a contraposição é a explicação filosófica de todas as coisas: "dia e a noite, o inverno e o verão, a saciedade e a fome, a guerra e a paz: todas as oposições estão dele" (Heráclito).[10]

Nesse diapasão, no sentido filosófico da guerra como centro de todas as coisas, destaco que o conflito e a oposição não podem servir de muletas para justificar reação desproporcional e banaliza-

---

9 CARDOSO, Fernando Henrique. *A cultura das Transgressões no Brasil*: Publicação do ETC. O Instituto Brasileiro de Ética Concorrencial em Parceria com IFHC Instituto Fernando Henrique Cardoso, 2008, p.16.

10 MENDES, Antônio Celso. *Diálogo com a Filosofia*. 2. ed. Curitiba: Editora JM, 2000, p. 59.

ção da *"Guerra"*. Acredito que o conflito e a oposição fazem parte do nosso cotidiano, entretanto, ainda que humano seja dotado de razão, às vezes falta o bom senso para identificar o que vale a pena ser considerado, (sugerimos leitura de nossa epígrafe).

Em que pese a profícua contribuição filosófica trazida pela dialética, a metáfora de guerra continua. Não obstante, a cultura bélica, de maneira deletéria, vem produzindo uma desenfreada busca com uma enxurrada de processos para apreciação do Poder Judiciário.

É improvável que um ser humano inicie um conflito individualmente, entretanto, coloque-o em um grupo, em que exista algo desejado por outros indivíduos, mas que só um possa utilizá-lo, nesse contexto, alimentados pelo desejo de satisfação de sua vontade, é muito provável que nasça uma disputa (guerra) pelo desejo individual.

Em linhas gerais, predomina-se a cultura da beligerância, e não há como negar que a sociedade é formada por indivíduos dotados de razão e inteligência, entretanto, no contato social geralmente exterioriza-se o seu lado animal. Neste contexto R. Solomon ensina que:

> A guerra uma metáfora familiar em tantas salas de conselho de uma administração das empresas ('sala de guerra'), conjura mais imagens de sangue do que a teoria darwiniana. Os animais no estado natural passam a maior parte de seu tempo brincando, relaxando com a família, com seus filhotes, comendo fazendo a digestão da sua última refeição. Não é assim para os soldados de prontidão da guerra. (...) As Guerras são brutais e as selvas, não civilizadas. As máquinas não são humanas (...) a competição no mundo dos negócios leva naturalmente a uma ênfase na vitória, mas nos tornamos mais civilizados em nosso imaginário (como nunca compreendemos antes) que as pessoas não funcionam mecanicamente. Pensar que as pessoas são, portanto, irracionais é endossar uma ideia perigosa de racionalidade.[11]

Assim, seria muito ingênuo abordar a questão da mudança de Paradigma independente da "analise do indivíduo", e, por conseguinte, inversão, fabricação, e apenas hipótese intelectual inócua.

---

11 SOLOMON, Roberto C. *A melhor maneira de fazer negócios.* São Paulo: Negócio Editora, 2000, p. 46.

Portanto, para começarmos a compreender a necessária mudança de cultura, faz-se mister entender o FATO SOCIAL em si, é altamente ilustrativa trazer à baila as palavras de Ortega y Gasset citado por Montoro, em seu livro *Estudo de Filosofia do Direito*:

> Eu e o mundo somos componentes abstratos da realidade radical que é minha vida. Nem o sujeito é anterior e independente em relação ao objeto, nem vice-versa. O radical e primário, que constitui a essência da vida, é a presença conjunta do sujeito e objetivo. Minha vida, nossa vida, é a realidade primaria, indubitável, a certeza autônoma e pantônoma. Minha vida não é existir separado, mas um existir junto com um contorno, um coexistir com o que sou eu. E o contorno também não existe à parte e separado de mim, mas para mim e comigo. Eu sou eu e a minha circunstância.[12]

O paradigma da judicialização

Pensar, debater e formular maneiras de melhorar o acesso à justiça requer que pontuemos a fática realidade sociologia existente, o FATO SOCIAL:

> Fato Social é por essência coletivo e objetivo, irredutível ao fato psicológico, que é o indivíduo ou interindividual, isto é, sempre subjetivo, ora, não padece de dúvida de que tais postulados, são passiveis de exame crítico.[13]

Nas audiências de conciliação, iniciado os trabalhos como de praxe, ao conciliador é possível demonstrar os benefícios que há em se fazer um acordo, e, diante da lide posta na mesa, pos-

12 MONTORO, André Franco. *Estudos de Filosofia do Direito*. 2. ed. São Paulo: Saraiva, 1995, p.15.

13 MONTORO. Op. cit., p.12.

suímos nas mãos a oportunidade de incutir a ideia sobre o novo paradigma.

Entretanto, é sabido que as partes foram formadas dentro de um processo de enculturação voltada para HETEROCOMPOSIÇÃO, razão tal qual em alguns indivíduos existe a predisposição negativa para o acordo.

O direito deve ser visto como integração de fatos sociais, valores e as normas, não obstante, do exame e discussão na doutrina como Miguel Reale, com excelência particular, traz a conhecida formulação da teoria tridimensional do Direito.

Fato, valor e norma constituem os elementos que integram a realidade fundamental do Direito, conforme ensina Montoro em seu livro de filosofia. A estrutura do Direito é tridimensional, visto como o elemento normativo que disciplina os comportamentos individuais e coletivos, pressupõe sempre uma dada situação de fato, referida a valores determinados.

> É importante observar que o 'fato', 'valor' e 'norma' não são simples aspectos, gomos ou fatias de uma realidade a serem estudadas separadamente – Tridimensionalismo abstrato ou genético – mas, sim, elementos primordiais do direito, que se implicam e estruturam numa conexão necessária e dinâmica, que só pode ser conhecida por um processo dialético de investigação – Tridimensionalismo concreto ou específico, que Reale denomina, ainda, dinâmico ou de integração.[14]

Assim, não há como negar o FATO de que no Brasil de hoje, predomina-se o paradigma de Litigiosidade com valoração excessiva à judicialização e a cultura do "ganha ou perde".

14 MONTORO. Op. cit., p. 50.

Destarte, diante desse quadro acreditamos que o conciliador possui missão honorífica e de bastante relevância na mudança do contexto, todavia, em nossa árdua tarefa de conciliar, temos que buscar romper com essa equação do "ganha ou perde" e demonstrar que todos ganham ao fazer um acordo.

Necessária construção de um novo paradigma

Seguindo essa lógica eficaz de mudança de paradigma, o novo CPC, que entrou em vigor em março de 2016, traz a orientação para aplicação dos métodos consensuais de resolução de conflitos, igualmente a Lei nº 13.129/2015 (Lei da Arbitragem), que começou a vigorar em 27 de julho de 2015.

Portanto, como se vê, há o objetivo claro para a modernização legislativa, o que torna mais acessível e, por consequência, reduz o volume de processos que chegam à justiça.

Nesse passo, diante de necessário processo de mudança de paradigma que é conflitual e dialético, é possível lançar uma óptica positiva, e sentir o direito circulando nas veias vivendo a si plenamente, conforme as palavras do Magnifico professor Dr.

Antenor Miranda de Campos, que em profícuo discurso de colação de grau nos ensinou:

Ora meus queridos afilhados (...) o Direito é dinâmico como dinâmica é a própria vida (...), o direito é um eterno vir a ser, portanto, é preciso estar continuamente estudando o direito.

Nosso mestre cita ainda o saudoso Franco Montoro, o qual transcrevemos *ipsis litteris*:

> Longe de ser estática a vida do Direito revela um contínuo vir a ser. Forças em conflito, que lutam por interesses opostos, dão origem a normas e situações jurídicas, que podem representar a dominação de alguns ou a conquista de muitos. Homens e mulheres, classes, grupos, povos e nações são participantes desse movimento gerador do Direito concreto e vivo e que rege efetivamente a vida social.[15]

Em que pese o Estado trazer um novo corpo legislativo bastante favorável à conciliação, é mister destacar que não basta o novo CPC nortear e estabelecer uma audiência como procedimento logo após recebimento da INICIAL (art. 334 do CPC), não basta os Tribunais nomearem conciliadores, não basta a edição de uma lei de arbitragem (Lei nº 13.129/2015), não basta o CNJ editar inúmeras resoluções norteadoras sobre a nova perspectiva, pois tudo será inócuo se inexistir um real trabalho de conscientização coletiva para a mudança do paradigma.

Desponta cristalina a contribuição do vasto corpo legislativo e demais instrumentos vigentes, não obstante, o caminho a ser percorrido é longo, sendo necessário a participação dos vários agentes formadores na questão da mudança de cultura.

15 Ibidem, p. IX.

Destarte, acreditamos que um dos pontos principais a ser disseminado, é a constatação realista de que o modelo endocultural da litigiosidade falece razão, por conseguinte, há a necessidade de mudança!

Contudo, deve ser mitigada a visão primitiva que só o ESTADO pode resolver os litígios, aliás, como já dito anteriormente, é inegável que a guerra sempre existiu e dificilmente irá acabar, a sociedade é BELIGERANTE, o que deve se afastar é a falida ideia dos cidadãos de buscarem o Judiciário como a única solução para resolução de seus conflitos.

É de concluir-se, destarte, *exceto* as questões emergenciais onde se deve priorizar a efetiva atuação do *jus puniendi* e do *jus persequendi, sem* lesão à coletividade, não há que falar em atuação do Estado para intervenção nas liberdades individuais conforme já abordado J.J. Rousseau há muito tempo.

2

A LIDE E OS MÉTODOS DE COMPOSIÇÃO

A Lide

É incontroverso que nas várias relações de convivência humana (imagem acima) existem grandes possibilidades de ocorrerem algumas divergências de interesses, e que quando não satisfeitas, nasce para nós, operadores do direito, o que chamamos de lide.

Isso posto, existem inúmeros conceitos que servem para poder definir a palavra em si, não obstante, na ideia clássica concebida por Carnelutti, a lide corresponde à "*o conflito de interesse qualificado pela pretensão resistida*".

Ademais, salvo exceções, em linhas gerais a lide é requisito elementar para o surgimento de um processo judicial, contudo, inexistindo a lide, não há que se falar em movimento da máquina judiciária para dirimir a demanda, ou seja, o processo nasce para dirimir o conflito de interesse, que é qualificado por uma pretensão resistida, como bem define Carnelutti.

Nessa esteira é inegável que nas mais diversas relações, sejam comerciais ou de serviço em que há um contrato estipulado, de fato, constantemente estamos propensos a possíveis situações geradoras de conflito, disso não teremos como fugir, é algo "quase" que previsível e certo, o conflito sempre existirá nas relações humanas.

Nesse diapasão, é mister ainda trazer à baila algumas questões, como por exemplo: a quem interessa resolver uma lide? Será que somente o Estado é parte interessada em dirimir todos os conflitos? A utilização da heterocomposição como única opção, não seria limitar ainda mais a autonomia e liberdade individuais ratificando o deletério paternalismo?

A bem da verdade há um processo de enculturação gerador do atual paradigma voltado para a heterocomposição, razão pela qual com passar dos tempos, tem ocorrido a mitigação das liberdades individuais dos cidadãos, e ainda, a velada negação a diversos valores axiológicos sustentados em imposições estatais.

Isso posto, não resta dúvidas que há uma invasão da parcela destinada à autonomia do "indivíduo" no contrato social, sendo o paradigma de judicialização uma espécie de paternalismo inconsciente da coletividade, funcionando como uma espécie de muleta. Tal paternalismo torna real a incapacidade ou idoneidade dos cidadãos para tomar suas decisões sem que o Estado julgue corretas, ensejar de deletéria restrição de real acesso à justiça.

Na heterocomposição O ESTADO (PAI) exerce a sua função de dirimir o conflito de interesse entre os seus cidadãos (FILHOS) através da JURISDIÇÃO, portanto, o juiz detém o poder e dever de dizer o direito aplicando a lei ao caso concreto, essa POTENCIALIDADE DO JUIZ é o Estado ATUANDO por meio da denominada Atividade Substitutiva!

Discorre Chiovenda que a principal característica da jurisdição é essa atividade substitutiva, G.Q. ensina ainda que o Estado quando é invocado substitui (usurpa) à vontade (privada) das partes, portanto, dado o fato objetivo de que duas pessoas (vontades liberdades privadas) não terem alcançado a composição social (autocomposição), nasce para o Estado o poder de projetar esse conflito que até então era particular (privado) dentro do Judiciário.

Toda atividade substitutiva é materializada por meio de uma ação, e ao final é dito quem tem a razão por meio de uma sentença. Contudo, o Estado uma vez invocado deve substituir a vontade dessas pessoas parte da LIDE, e exercer o PODER de Dizer o Direito, daí o significado de palavra Jurisdição: é igual a DIZER O DIREITO!

Métodos de resolução da Lide

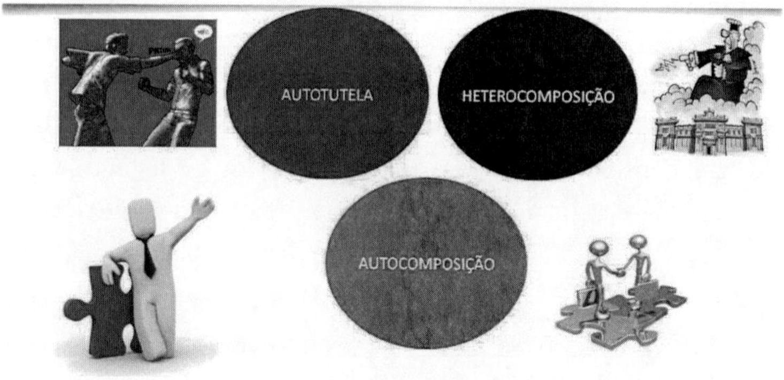

Sabemos que o conflito sempre existiu, existe e sempre vai existir, nós operadores do direito e agentes formadores não podemos nos esquivar, pois a lide está presente na história da humanidade. Isso posto, o que resta e importa saber é quais as melhores formas e resolução dos conflitos, uma vez que essas tenham sido geradas por meio da LIDE?

Em relação aos métodos de resoluções de conflito existentes, em linhas gerais, temos três modelos de solucionar uma lide. Primeiramente cito o mais ARCAICO de todos, mas que ainda é admitido em alguns casos, neste não há uma negociação, mas, sim, há uma imposição da vontade de uma parte sobre a outra. A esse método denominamos AUTOTUTELA, que nessa forma de resolução, se utiliza das próprias forças para garantir o seu direito.

O segundo método de resolução ocorre quando não há acordo, e, diante da lide, o ESTADO juiz é chamado. Assim na prática uma terceira pessoa é chamada a decidir dizer quem está certo. Esse método se denomina HETEROCOMPOSIÇÃO.

No último método, o ESTADO busca dirimir o conflito e

o faz por intermédio de uma AÇÃO, e ao final é proferida uma sentença. Portanto, como se vê esse é o modelo vigente e deve ser abolido nos casos em que a AUTOCOMPOSIÇÃO seja capaz de resolver.

Na AUTOCOMPOSIÇÃO, os interessados RESOLVEM A LIDE em comum acordo, aliás, o que decidiram vira sentença entre as partes, portanto, por intermédio da AUTOCOMPOSIÇÃO, as partes entre si definem o seu destino sem intervenção de terceiros.

Nessa esteira, como se vê na imagem a seguir, a autocomposição é o método de resolução de conflito que melhor se adequa a necessária mudança de paradigma, e que, por intermédio de tal método, pode-se evitar que o processo seja concebido, outrossim, em qualquer fase de eventual ação já processada nos diversos ramos do direito, pode-se impedir que a demanda siga adiante no ordenamento jurídico pátrio.

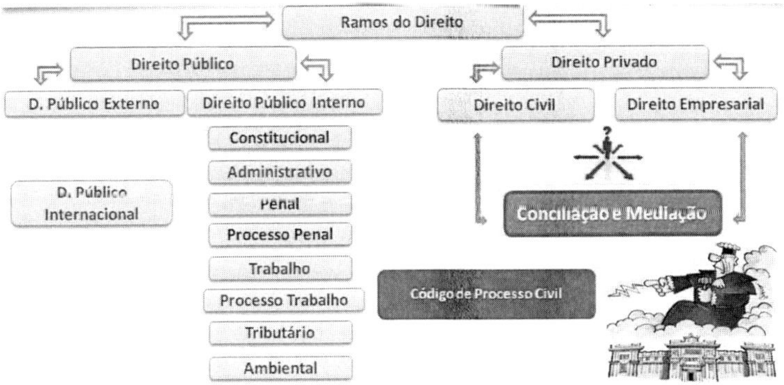

Justiça Multiportas

Conforme bem ilustrado na imagem acima, ainda que subsidiariamente em alguns ramos do direito é mister destacar que o CÓDIGO E PROCESSO CIVIL é o instrumento que dita o andamento das ações, não obstante, o NOVO CPC dá ênfase para conciliação com inspirações do tribunal multiporta ou justiça multiporta.

O tribunal multiporta, ou justiça multiporta, surgiu na década de 1970 nos Estados Unidos da América quando um sujeito chamado *Frank* Sander concebeu um sistema de acesso à justiça. Conforme ensina o Cesar Felipe Cury, em palestra proferida na OAB-RJ, Frank Sander ficava em frente ao tribunal de Washington e pensava:

> 'Isso aí não pode ser' uma casa de justiça, tem alguma coisa errado nisso aí, esse prédio gigante, entre colunas enormes, em mármore de Carrara, com essa arquitetura Grega Romana, essas escadarias, esses guardas perfilados, isso não pode ser uma casa de justiça, tem alguma coisa errada aí, o cidadão comum não vai entrar o cidadão não é atraído para entrar aí com processo.[16] (Grifos nossos)

Contudo, *Frank* Sander teve uma inspiração e desenvolveu um sistema que é conhecido e reconhecido como tribunal multiportas ou justiça multiportas, que nada mais é que um conceito amplificado ao extremo do que se entende por acesso à justiça.

---

16 CURY,Cesar Felipe. Palestra organizada pela Comissão da OAB vai à Escola da OAB de Niterói, sobre a "mediação e conciliação" sob a óptica do novo Código de Processo Civil realizada no Estado do Rio de Janeiro (vídeo gerado por NELSON CARNEIRO, do projeto "SUA CIDADE E SEUS VALORES"). Niterói, 18 jun. 2015.

Todavia, essa inspiração focada na ideia de acesso à justiça no Brasil é positivada no art. 5º, XXXV, da CF de 1988, outrossim, no art. 3º do novo CPC.

Nesse passo, em linha bem gerais, o tribunal multiporta nos inspira e nos faz questionar. Por exemplo, conforme disse F. Cury[17]: "será que é preciso movimentar toda máquina estatal, uma justiça lenta, uma justiça burocrática, para pedir que o juiz determine o conserto de um aparelho celular? Não deveríamos!"

Como bem observou C. F. Cury[18], é um equívoco movimentar todo um sistema de justiça, ou seja, é desproporcional solicitar a tutela a um profissional tão caro e qualificado (*JUIZ*), para que ele ordene a ligação da minha Luz ou do Sinal da TV a Cabo! O conceito de *JUIZ* é ampliado a um promotor e, no mínimo, seis de serventuários e demais custas.

Nesse passo, trazemos adiante uma imagem que nos deixa bem clara a dimensão dos custos, da qual tratamos no parágrafo anterior e que são evitados com a conciliação, vejamos:

17 CURY,Cesar Felipe. Palestra organizada pela Comissão da OAB vai à Escola da OAB de Niterói, sobre a "mediação e conciliação" sob a óptica do novo Código de Processo Civil realizada no Estado do Rio de Janeiro (vídeo gerado por NELSON CARNEIRO,do projeto "SUA CIDADE E SEUS VALORES"). Niterói, 18 jun. 2015.

18 CURY,Cesar Felipe. Palestra organizada pela Comissão da OAB vai à Escola da OAB de Niterói, sobre a "mediação e conciliação" sob a óptica do novo Código de Processo Civil realizada no Estado do Rio de Janeiro (vídeo gerado por NELSON CARNEIRO,do projeto "SUA CIDADE E SEUS VALORES"). Niterói, 18 jun. 2015.

Portanto, inspirado no Tribunal americano, nós passamos enxergar o acesso à justiça de movo a buscar outras formas de resolução de conflitos. Contudo, da inspiração de Frank *Sander*, surgiram novos instrumentos, leis, normas, resoluções, enfim, um novo direcionamento para resolução negociada de conflito pelos métodos consensuais.

3

A CONCILIAÇÃO E MEDIAÇÃO

Os juizados especiais cíveis

Nesse diapasão, diante da despicienda morosidade em obter a tutela Estatal, inspirado nas correntes ideológicas do que preconiza o tribunal multiportas, no internamento os primeiros passos da aplicação dos métodos consensuais de resolução das lides, ocorreu uma experiência pioneira nos Conselhos de Conciliação criados no Rio Grande do Sul (1982), em 1984 nasce o juizado de pequenas causas com aprovação da Lei nº 7.244, razão pela qual o artigo 24, inciso X, da Constituição de 1988, faz menção ao Juizado de Pequenas Causas e determina a criação dos Juizados Especiais (artigo 98, inciso I) de nossa carta Magna.

Em 1995, é aprovada a Lei nº 9.099 que criou os Juizados Especiais Cíveis e Criminais, passando a ser uma Justiça Especial. É mister destacar esses antecedentes da tão conhecida por nós "justiça de pequenas causas", que foi o ponta pé inicial da ideia trazida pelo tribunal multiportas no Brasil.

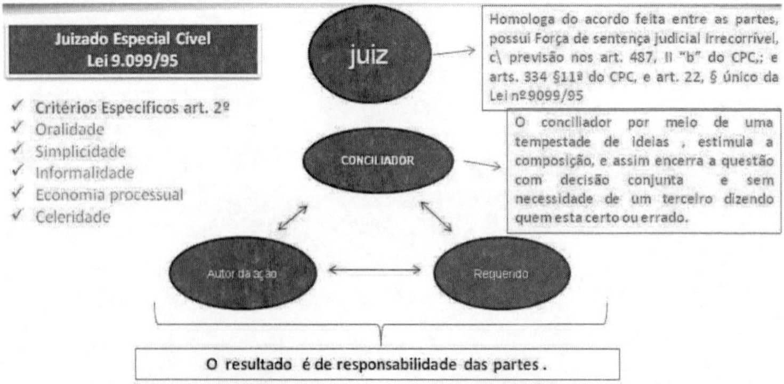

A evolução histórica do juizado e os ótimos resultados ensejaram na continuidade da ideia inspirada por S. *Frank*, e, todavia, o Juizado Especial civil tem se mostrado por meio de dados a qualidade inconteste, que melhor se aproximam da ideia de efetivo e verdadeiro acesso à justiça.

Portanto, a criação dos Juizados Especiais Cíveis e Criminais (Lei nº 9.099/95) surgiu como uma esperança para mudar o quadro despiciendo de resposta célere da tutela jurisdicional, e ainda com o objetivo de desafogar a quantidade de demandas.

Em que pese a predisposição negativa para resolução negociada conforme já exposto, a criação e implantação do juizado especial é algo que deu certo, e isso é comprovado em dados a seguir demonstrados.

Ademais, existem várias características do juizado que podem explicar a razão dos ótimos resultados. Um deles consta no artigo 13, da Lei nº 9.099/95, que contempla o acolhimento do princípio da instrumentalidade das formas, que orientam a criação desses Juizados (art. 2º da Lei nº 9.099/95).

O que isso quer dizer? Sem perder a flexibilidade negociada de resolução dos conflitos, todos os atos processuais, uma vez homologado, são válidos ainda que praticados em descompasso com a lei, mas se preencher a finalidade para qual foi realizado, não há que se falar em nulidade.

Prezado leitor, veja só a importância da função do conciliador que se caracteriza como um condutor do processo, que busca incansavelmente a resolução negociada aplicando a norma.

Nesse passo, a atuação do conciliador não busca somente contribuir para geração de mais dados estatísticos para o CNJ com mais um acordo, mas também deve o conciliador buscar a autocomposição com a ideia de ética *arraigada* ao extremo, e, portanto, observar se no acordo a ser formalizado existe ou não prejuízo às partes, e se o ato preencheu a finalidade para a qual se destina.

Outra característica do procedimento do juizado é a opção de que todos os registros dos atos processuais não sejam considerados obrigatório e detalhado, ou seja, diferente da justiça comum, é dispensável essa formalidade, assim como ao juiz existe a faculdade de proceder ao registro das questões absolutamente necessárias e quando comportar de maneira singela.

Ademais, em algumas comarcas, em regra, há o resumo e depoimentos das partes e testemunhas, e é mister destacar que o termo de audiência é indispensável, não obstante, geralmente vários juízes prolatam a sentença na própria audiência.

Nota-se, portanto, inconteste vantagem no processo que tramita no juizado especial, pois as partes saem das audiências cientes dos termos, prazos recursais (art. 42 da Lei nº 9.099/95), e, se for o caso de resolução consensual infrutífera, totalmente diverso do tramite da justiça comum tradicional que caminha a passo de tartaruga.

Além disso, no juizado especial, apesar da regra a qual os termos devem ser resumidos com observância da celeridade, não obstante, a Lei nº 9.099\95 prescreve que o juiz grave em fita magnética, ou equivalente, todos os atos processuais. Assim fica registrado os atos, sendo inutilizado somente depois de transitado e julgado. Adredemente, essa facilidade representa um avanço, em face do despiciendo formalismo injustificado no processo que corre no procedimento comum.

Na mesma toada, ainda no campo das características peculiares dos juizados especiais, ratificando sua eficácia, e integral acesso à justiça, o pedido de propositura de ação pode ser formulado por escrito ou oralmente, junto à secretaria do fórum responsável pela triagem, e de modo bastante profícuo se dá independente de previa distribuição, sendo inclusive dispensada assistência de um advogado nas causas que o valor da causa não ultrapasse o máximo de 20 (vinte) salários mínimos.

O artigo 18 da Lei nº 9.099/95, trata da citação estabelecendo que em regra geral se dá por correspondência com aviso de mão própria na hipótese em que a parte ré seja pessoa física.

Portanto, é essencial o recebimento por mão própria, caso contrário, se requerido não for citado de tal forma, ou não receber a citação por correio, o cartório da vara do juizado especial deverá buscar alternativas, refazendo o ato, inclusive se for o caso buscar citação por intermédio de um oficial de justiça.

Nessa esteira, em casos em que a parte requerida seja pessoa jurídica ou firma individual basta que o aviso de recebimento seja entregue na recepção ou a quem suas vezes fizer, claro que com a devida identificação feita pelo correio.

Posto isso, é altamente ilustrativa trazer à baila outra de nossas experiências atuando junto ao juizado de Ferraz de Vasconcelos, ocorre que às vezes o autor da ação comparece e a Ré não, e no momento de apregoar as partes, inexiste nos autos o retorno do A.R. (aviso de recebimento), todavia, preservando o ato processual, fazemos constar no termo que o autor requer decretação da revelia da ré na eventual hipótese do A.R. retornar positivo.

Ora, veja os benefícios e a celeridade, pois consequentemente ao magistrado será facultado o julgamento antecipado da demanda (e geralmente o fazem), aproveitando-se a *audiência em tese prejudicada*, e, diversa da via tradicional, a qual restaria a "perda" de no mínimo 06 meses em razão da necessidade de observância dos dispositivos legais do procedimento comum.

Na mesma toada, ainda no palco do juizado especial, em relação à produção de provas é mister destacar que todas deverão ser produzidas na audiência de instrução de julgamento, facultando ao magistrado limitar ou excluir quando considerá-las excessivas impertinentes ou protelatórias, *ex vi* da literalidade da inteligência do artigo 33 da Lei nº 9.999/95.

Logo, a conciliação é um atalho para dirimir um litígio. Não obstante, gostaria de compartilhar uma de nossas experiências na condição de parte em um litígio, posto que além de conciliador também militamos como advogado no estado de São Paulo, e, muito embora alguns colegas enxerguem a conciliação como um fator prejudicial aos honorários, com todas as vênias, venho obtemperar e expor nosso entendimento, no sentido de que o processo é lento, desgastante e extremamente oneroso para as partes.

Nessa esteira, exponho uma de nossas experiências como advogado: por vezes prestei serviço para uma instituição financeira multinacional espanhola (SANTANDER), atuando como patrono constituído para representá-los em algumas audiências, todavia, em algumas ações inexiste vantagem alguma em deixar o processo seguir para julgamento do Magistrado.

Digo eu, é *despiciendo* não conciliar e deixar que processo siga, sendo deletério tanto para autor que busca a reparação quanto para requerido (BANCO) que ao final terá que ressarcir e/ou indenizar, e para completar o prejuízo, ainda terá que arcar com o custo dos honorários do advogado e do preposto para comparecimento aos demais atos no curso do processo.

Ademais, obtempero com agasalho de experiências e práticas diárias das insígnias *advocatícias*, **que não fazer o acordo na verdade é "perda tempo"**, uma vez que infrutífera autocomposição, nós, advogados, teremos que gastar energia desenvolvendo o nosso trabalho intelectual, ou seja, passaremos horas e horas elaborando uma contestação para defender o interesse do cliente. Conclui-se, destarte, que "*perderemos*" horas e horas, noites elaborando teses para dissecá-las com paciência beneditina.

Diga-se, ainda, que não havendo a autocomposição, a parte autora levará meses ou até anos para *conquistar ou não* a tutela *tão esperada* na sentença, entretanto, caso venha optar pela composição, sua pretensão na lide será célere e certa, pois não dependerá da decisão de um juiz cuja decisão, muitas vezes, vem totalmente diversa do que é esperada, aliás, com todas as vênias a honrosa atuação de nossos magistrados, *as sentenças são imprevisíveis.*

Isso posto, é necessário destacar que apesar de apaixonado pelo direito e pelo constante movimento da profissão na defesa dos interesses de nosso paciente, nada obstante, o cidadão (nosso cliente) busca o Judiciário visando a resolução da lide, e naturalmente não deseja ver a procrastinação da demanda e prazos desproporcionais, entretanto, não muito raro, a prática demonstra que o Judiciário é lento, oneroso e, muitas vezes, incerto quanto ao mérito das questões.

Na primeira edição da presente obra, a respeito de alguns aspectos do juizado especial cível, não podemos deixar de abordar os efeitos da sentença homologatória do acordo.

É mister destacar que além da celeridade e bônus de uma resolução amistosa, a sentença que homologa o acordo é literalmente igual a conhecida sentença proferida com julgamento de mérito, portanto, o acordo tem a mesma eficácia de sentença, e uma vez registrada o respectivo trânsito em julgado terá todos os efeitos da coisa julgada.

Contudo, transitada e julgada a sentença, o mesmo litígio não mais poderá ser objeto de discussão em juízo exceto em sede de execução pelo descumprimento de acordo.

Finalizando esse capítulo sobre os juizados especiais cíveis, cabe destacar a enorme contribuição dos juizados especiais na implementação do novo paradigma, demonstrando eficiência diante da necessária adequação do Poder Judiciário à realidade social.

É de se concluir que, a conciliação consegue trazer a lume o verdadeiro signo de justiça, uma vez que há o bônus de efetivo acesso à população menos favorecida com uma linguagem coloquial e sem tantas formalidades.

Semana nacional de conciliação

sem perder de vista os profícuos resultados que diariamente são alcançados pelos juizados especiais e pelo CEJUSC que foram instituidos pela Resolução nº125/2010, anualmente ocorre a Semana Nacional da Conciliação, na qual existe o esforço concentrado para conciliar o maior número possível de processo em todos os tribunais do país.

Em suma, a semana nacional de conciliação é uma campanha de mobilização, que envolve todos os tribunais brasileiros, os quais selecionam os processos que tenham possibilidade de acordo e intimam as partes envolvidas para solucionarem o conflito, contudo, entre as várias ferramentas, as ações institucionis, o CNJ padroniza os meios de difusão da conciliação, promovendo-as no processo de mudança de paradigma.

CNJ – Divulgação Semana Nacional de Conciliação - 2104

9º semana Nacional de conciliação realizada em São Paulo

Não obstante, reiterando o exposto acima, o CNJ de modo robusto investe na publicação de campanhas que estimulam a participação da população para adesão da ideia, sendo que é aberta a possibilidade para os cidadãos e instituições para possam incluir eventuais lides (processo protocolado) na semana de conciliação *sem custo algum*.

Ademais, inclusive nesse se demanda é incluida na pauta da semana nacionado de conciliação, hipoteticamente quando uma empresa ou órgão público está envolvido em muitos processos, o tribunal é orientado a fazer uma audiência prévia para sensibilizar a empresa/órgão a trazer ao mutirão boas propostas de acordo.

Contudo, as conciliações cadastradas durante a semana são chamadas de processuais, ou seja, quando o caso já está em trâmite na justiça. Não obstante, há outra forma de conciliação: a pré-processual ou informal, que ocorre antes do processo ser instaurado, e, todavia, o próprio interessado busca solução do conflito com auxílio dos conciliadores.

Nesse contexto, a imagem do Juiz (jus puniend) deve ser a priori ser mitigada do ambiente na sala de conciliação, e o conciliador deve expurgar qualquer hipótese de incorporação do jus puniend, todavia, deve deixar as partes à vontade e propensas à autocomposição, enfatizar aos presentes que ele é o conciliador *e que está ali presente* para ajudá-los e auxiliá-los *no que cabe a função.*

Posto isso, sem perder de vista a celeridade natural do ato de conciliar, o profissional que prestou o compromisso e atua como conciliador deve sentir o direito circulando nas veias, com foco no resultado pela autocomposição das partes.

Todavia, por outro lado, a ideia de que os fins justificam os meios (como em Maquiavel) deve ser tratada com muito cuidado pelo conciliador, pois o direito natural não pode e não deve jamais ser esquecido. Digo eu que mais vale um não acordo, do que um acordo violando a ideia de justiça real.

Nessa esteira, se me perguntasse, o que se deve fazer para tornar sua atuação de conciliador melhor. Responderia: *"Faça sua vida (de conciliador) valer a pena e esqueça dados estatísticos do CNJ"*, mas por outro lado, acrescentaria, que esta é uma resposta bem individual uma vez que cada um tem o seu ideal de justiça, e, contudo, em relação ao sentido da função de conciliador é altamente ilustrativo trazer à baila os escritos de Victor Emil Frank, *Verbis:*

> Comparável à pergunta dirigida a um campeão de xadrez, diga-me, mestre qual o melhor lance do mundo? Resposta: simplesmente não existe algo como o melhor lance do mundo ou um bom lance à parte de uma situação específica num jogo e da personalidade peculiar do adversário. O mesmo é válido para a existência humana. Não devemos procurar um sentido abstrato para vida. Cada qual tem sua própria vocação ou missão especifica na vida, cada um precisa executar sua tarefa concreta, que está a exigir realização. Nisto a pessoa não pode ser substituída, nem pode sua vida ser repetida. Assim, a tarefa de cada um é tão singular como a sua oportunidade especifica de leva-la a cabo. Uma vez que cada situação na vida constrói um desafio para pessoa e lhe apresenta um problema para resolver, pode-se a rigor inverter a questão pelo sentido da vida.[19]

Hoje posso afirmar que sou um cidadão do mundo "privilegiado" por ter recebido a graça de Deus de ter conseguido exercer a função de conciliador, e, todavia, contribuir para a necessária mudança de cultura.

De 2010 a 2018 no Juizado Especial Civil de Ferraz de Vasconcelos, estive compromissado junto Tribunal de Justiça do Estado de São Paulo e, embora hoje exercendo a funçao Procurador como chefe do setor de sindicâncias de prefeitura de Mogi Guaçu, sempre busquei realizar a tarefa de conciliar as partes sem ficar preso a dados estatisticos, mas, sim, com foco na preservação e manutenção do verdadeiro signo de justiça de modo célere e eficaz.

---

19 FRANKL, Viktor E. Em Busca do Sentido, Editora Sinoval, 1991.

Nesse rumo, tive o privilégio de pertencer ao grupo de conciliadores no TJ-SP, e, participei de inumeras edições da semana nacional de conciliação.

Ensejo, na 9ª edição realizada em 2014, recebi à graça divina de abrir evento conduzindo os trabalhos junto com o presidente do STF.

Naquela oportunidade, conduzimos a audiência inalgural cujo acordo foi homologado pelo Ministro Dr. Ricardo Levandowisk e então também presidente do Conselho Nacional de Justiça **(2014\2016).**

Nesse diapasão, conforme o entendimento do Excelentissimo Ministro, além de reduzir o estoque de processos, o esforço anual concentrado da Justiça tem um efeito ainda mais importante: multiplicar a cultura da pacificação no país. Acrescenta ainda o Mininstro. do STF Ricardo Lewandowski *verbis:*

> Uma decisão judicial, pura e simplesmente, é sempre traumática porque uma das partes não sai satisfeita. Pre cisamos evitar a cultura do litígio. Nós do Judiciário somos mais que agentes de solução de controvérsias, somos agentes de pacificação nacional.[20]

Posto isso, digo eu que, deve haver um processo de conscientização coletiva para necessária mudança de cultura em face do paradigma existente.

---

20 Por Ricardo Lewandowski Ministro presidente do STF, ao promover o tema a uma das 12 prioridades da Justiça no *Biênio 2015/2016*, extraído do *site* do CNJ em 20/7/2016 às 18h02m. Disponível em: <http://www.cnj.jus.br/noticias/cnj/81385-balanco-final-da-semana-nacional-da-conciliacao-revela-recorde-de-acordos>.

A semana nacional da conciliação anualmente realizada por ações organizadas pelo CNJ é apenas um dos eventos de dimensão nacional dentre outros que poderiam receber mais "prestígio" e "Ibope" das mídias de comunicação de massa e educativa.

Concluimos destacando esse tópico destacando o serviço honorífico do conciliador como sendo um belo exemplo de atuação concreta na necessária mudança de paradigma.

Aliás, a atuação tem se mostrado altamente relevante nas diversas comarcas espalhadas por todo país. Como serventuários da justiça auxiliando os magistrados, fortalecemos a cultura do diálogo e incansávelmente buscamos resolução consensual dos conflitos.

Dr. Hélio Mendes atuando junto as partes buscando a resolução consensual do conflito na 9ª Semana Nacional de Conciliação de 2014 – acompanhe a reportagem no Jornal da Rede Bandeirante de TV.[21]

21 Disponível em: <http://mais.uol.com.br/view/s70pk4i6az2h/brasil-tem-mutirao-para-promover-acordos-entre-processos-judiciais-0402CD98396EE0915326?types=A>.

Dados estatísticos do CNJ

Do exposto até aqui, com todas as vênias aos colegas que possuem aversão à ideia de conciliação e de sua necessidade de propagá-la, não obstante, deixando de lado esse campo de debate, afastando o patrulhamento ideologico, nesse capítulo, trazemos dados incontestes, ou seja, dados que, mesmo com muito esforço, não há o que contestar.

9º Semana Nacional de Conciliação em São Paulo SP Ano 2014

Posto isso, são 100 milhões de processos, a Semana Nacional da Conciliação ocorre todo ano e envolve a maioria dos tribunais brasileiros que seleciona os processos com possibilidade de acordo para tentar solucionar o conflito de forma negociada, a medida faz parte da meta de redução do grande estoque de processos na Justiça brasileira, que gira em torno dos 100 milhões.

Desde 2006, quando foi criada a Semana Nacional da Conciliação, já foram realizadas mais de 2 milhões de audiências, alcançando cerca de R$ 9 bilhões em valores homologados. A última edição contou com a participação de 47 tribunais dos ramos Estadual, Federal e Trabalhista.

Ao todo, foram atendidas 818.391 pessoas (20% a mais que em 2014). Cerca de 3 mil magistrados, 968 juízes leigos e 5 mil conciliadores participaram do atendimento. Trazemos a seguir alguns gráficos e imagens que estão disponíveis para consulta na página do Conselho Nacional de Justiça e que demonstra os resultados obtidos em todas as Edições da Semana Nacional de Conciliação.

A Semana Nacional da Conciliação 2015 teve 354 mil audiências realizadas e resultaram em 214 mil acordos, um índice de 60% de composição dos conflitos. Os acordos firmados representaram um montante de R$ 1.645 bilhão – a maior parte das conciliações (189,6 mil) foi realizada nas cortes da Justiça Estadual.

Dados do CNJ trazem a lume anualmente, desde sua primeira edição em 2006, os índices de composição que vêm aumentado ano a ano. Isso revela o que o método consensual por meio da conciliação como tratamento adequado dos conflitos de interesses realmente tem sido aceito por parte da população, com maior conscientização para mudança de paradigma.

O caminho é longo diante da ideia beligerante de que fazer um acordo é abrir mão de seus direitos, o que não é verdade, pois com acordo, as partes, apesar de em tese abrir mão de parcela de seus direitos, gozarão do bônus de alcançar a solução mais CÉLERE E EFICAZ sem natural desgaste da via contenciosa.

Conciliação e mediação no Novo CPC

- ✓ Deve ser estimulada a conciliação (art.3, §3 CPC)
- ✓ Estimulo a autocomposição , Capitulo III, Seção V,
- ✓ (arts. 165 até 175 CPC)
- ✓ Regulamenta os conciliadores, mediador e Câmara Privada
- ✓ Criação de um cadastro nacional (art.167 CPC)

Como dito anteriormente, atualmente, por meio da Lei n° 9.099/95, os juizados especiais cíveis já aplicam a conciliação, não obstante, o novo CPC, logo no seu artigo 1° e no artigo 2º, demonstra claramente a que veio permeado de normas constitucionais. Há uma orientação explícita para a mediação. Inclusive, logo no artigo 3º, §§ 2º e 3º, orienta a todos que estimulem e privilegiem a conciliação.

Portanto, o novo Processo Civil, em vigor desde março de 2016, prioriza a resolução consensual em detrimento à atual resolução outorgada ou judicialização dos conflitos.

Ademais, no mesmo CPC dos artigos 165 a 175 do novo CPC, há uma sessão inteira no Capítulo III, que traz um rol de dispositivos que cuidam apenas das formas adequadas e alternativas de resolução de conflitos, inclusive com a previsão expressa de que seja criado um cadastro nacional de conciliadores (art. 167).

Aliás, o novo CPC (art.167) prevê o concurso para selecionar os conciliadores e mediadores, não obstante, o Estado de São Paulo seja o pioneiro no encaminhamento da solução dos conflitos judiciários por meio da mediação e conciliação. Com base na

Resolução nº125/2010 (CNJ), essa é uma tendência a ser seguida pelos demais Estados.

É altamente relevante trazer à baila a Lei Bandeirante nº15.804 de abril de 2015, que dispõe sobre o abono variável de jornada de conciliadores e mediadores, todavia, os profissionais inscritos nos Centros Judiciários de Solução de Conflitos, doravante, gozarão de uma remuneração pelo serviço prestado.

Ensejo, embora o Estado de São Paulo seja o pioneiro, essa deve ser uma tendência de valorização ao profícuo trabalho dos conciliadores em outros Estados da Federação conforme a inteligência insertou no novo CPC.

Nesse passo, haverá o aspecto positivo para a mudança de cultura adrede. Na atuação como conciliador, haverá o mínimo de sustentabilidade econômica com custo de locomoção e alimentação que auxiliar a árdua tarefa de conciliar.

Aliás, esse ponto específico não deve ser tratado com demagogia, pois ninguém vive só de boa vontade, e, todavia, a lei é no mínimo justa em retribuir a ajuda de custo a um trabalho tão importante como à função de conciliador.

Ademais, inclusive, por conseguinte, a quantidade de demanda de audiência crescerá, vez que o art. 334 do novo CPC estabelece a conciliação e a mediação como uma etapa processual. Razão tal que o abono é fundamental para manutenção do projeto e um estímulo a mais para função.

Destarte, o Juiz, ao analisar a petição inicial, não sendo caso de emenda ou indeferimento o magistrado, não mais determinará ao réu para contestar, mas, sim, será convidado para uma audiência de conciliação, ou seja, cada processo proposto no Judiciário terá que necessariamente passar pelo Cejusc.

Bônus de uma justiça célere e eficaz

Para melhor demonstrar a ideia quanto ao bônus da conciliação, entendo ser necessário trazer à baila as palavras do Cesar Felipe Cury, Desembargador do TJ-RJ, que em palestra, realizada na sede da OAB Niterói, expõe o seu ponto de vista, direcionando aos colegas advogados que enxergam a conciliação como prejuí zo de honorários, e ensina, ressaltando o mercado que se forma, com bastante propriedade o assunto, *verbis*

> É importante observar o novo mercado importante que se forma! Os acadêmicos do direito que estão chegando agora no mercado terão o ônus de construir essa nova cultura esse novo paradigma de praticá-la e levá-la adiante, e por outro lado, nos todos teremos os Bônus e os Frutos de uma forma mais rápida, mas célere, uma justiça mais eficaz de resolução dos seus conflitos. Cury, C.F. o.[22]

Adrede, corroborando a ideia de C. F Cury, o colega advogado doravante deixa de ter aquela característica preferencial pela adversariedade, pela litigância, e passa a funcionar mais como um consultor, como um orientador para seu cliente, passa a atuar como um facilitador do processo de negociação para o Judiciário.

O emérito desembargador ressalta ainda que, *exceto* naquelas questões emergenciais onde o advogado há necessidade de atuar como preconiza a profissão, em questão sem estas carate-

---

22 CURY, Cesar Felipe, Palestra organizada pela Comissão da OAB vai à Escola da OAB de Niterói, sobre a "mediação e conciliação" sob a óptica do novo Código de Processo Civil realizada no Estado do Rio de Janeiro (vídeo gerado por NELSON CARNEIRO,do projeto "SUA CIDADE E SEUS VALORES"). Niterói, 18 jun. 2015

rísticas, ele, advogado, deixa de ser um veículo da litigância e de beligerância e passa a ser um consultor.

Assim, o advogado adiante deve funcionar como um consultor familiar, um consultor para o divórcio, um consultor para partilha de bem, para inventário, para uma disputa comercial, negociando diretamente ou com um terceiro a resolução do conflito em favor de seu cliente com maior protagonismo.

Ademais, para que o advogado atue utilizando os métodos consensuais, ele deve buscar o aperfeiçoamento dessas aptidões técnicas, sendo primordial a formação continuada por meio do curso de capacitação de conciliadores que estamos sugerindo, assim sendo, terá mais condições de assistir seu cliente e a população em geral nos processos em que houve a necessidade de negociação.

4

A ADVOCACIA EXERCENDO SUA FUNÇÃO SOCIAL

Advocacia multidisciplinar e as práticas colaborativas.

Nesse capítulo atualização em relação a primeira edição, abordando umas ferramentas que vem sendo praticadas em vários cantos do mundo e no Brasil segue colhendo resultados.

Conforme dito no início a resolução de um conflito de interesse pela via judiciária é, para marcada pelo desgaste quase sempre restando a lastimável sensação de injustiça.

De mais a mais, podemos enaltecer a excessiva quantidade de processos que sobrecarregam nossos magistrados, com enorme marcante quantidade conflitos dos quais muitos poderiam ser resolvidos por intermédio da advocacia colaborativa.

Advogado atual não propõe demandas

Diante desse quadro nada agradável, reiteramos a ideia central trazida a lume na primeira edição da obra conciliação bônus de uma justiça célere e eficaz, qual seja: "os métodos consensuais *despontam como um caminho eficaz diante de um sistema judiciário enfadonho e capenga*".

Isso posto, as medidas extrajudiciais de resolução consensual dos conflitos, que há tempos se faz mister, vêm se tornando uma realidade e um dever de oficio dos advogados no exercício da profissão.

Ante o contexto, o advogado deixa de funcionar como apenas um defensor e\ou operador de litígio e contenciosidade, e passa a funcionar para melhor eficiência do interesse de seus clientes, todavia, deve buscar alternativas extrajudiciais exercendo atributos de um negociador junto a parte contraria.

Nessa toada, necessária tendência à atuação do advogado, foi um dos assuntos do 7º Congresso Brasileiro de sociedades de Advogados realizado na cidade de São Paulo, inobstante, é insigne e profícuo o posicionamento de Ministro Luis Roberto Barroso do Supremo Tribunal Federal o qual:

> *"O Advogado do futuro não é aquele que e propõe uma boa demanda, mas aquele que a evita".*

A função social do advogado

Pensando nisso, trago à baila ferramentas fundamentais para atuação do advogado moderno, e que vêm sendo aplicadas por alguns profissionais adeptos da advocacia colaborativa.

Ensejo, com todas as vênias aos colegas profissionais da advocacia que valorizam e optam pelo tradicional método da contenciosidade, nada obstante, no presente dissemino uma ferramenta que comprovadamente traz ótimos resultados.

Nossa adesão a essa tendência, encontra-se agasalhada pela vivencia exercendo à função de conciliador (TJ-SP 2010-2018), das práticas dentro da advocacia bandeirante (desde 2007) e procuradoria do município de Mogi Guaçu na função de chefe do setor de sindicância e procedimentos apuratórios.

Sob este prisma, os métodos consensuais de resolução de conflito insurgem em face de precário acesso à prestação jurisdicional pelos cidadãos brasileiros, porquanto, acreditamos nas práticas colaborativas como uma via adequada e essencial ao exercício da advocacia moderna.

Nossa carta magna preceitua em seu artigo 133 que "o advogado é indispensável à administração da justiça, sendo inviolável por seus atos e manifestações no exercício da profissão, nos limites da lei", reconhecendo o seu exercício como fundamental para a prestação jurisdicional.

Nesse contexto, a Constituição Federal erigiu a advocacia com o caráter essencial na dinâmica judiciária, sendo o advogado um elo entre o cidadão e o efetivo acesso à justiça, com base nos fundamentos constitucionais do direito de defesa, do contraditório e do devido processo legal.

Assim, exceto aquelas lides que impende aplicação da via contenciosa, há rol considerável de lides cuja função social Múnus público da advocacia funciona com efetivo respeito ao cidadão, e mais do que isso, com o profícuo zelo ao efetivo acesso à Justiça.

De fato, ao aderir as práticas colaborativas em nome dos cidadãos (o seu cliente e a parte contraria), o advogado exauriu sua função social não se restringindo apenas a um exercício de atividade profissional, todavia, sua atuação "independente" e "desvinculada" do poder tem o nobre papel de contribuir para manutenção e fortalecimento da prestação jurisdicional de modo eficaz. Conforme ensina o professor José Afonso da Silva:

> "À advocacia não é apenas uma profissão, é também um múnus, é a única habilitação profissional que constitui pressuposto essencial à formação de um dos Poderes do Estado: o Poder Judiciário".

Nesse rumo, o Estatuto da Advocacia e da Ordem dos Advogados do Brasil (Lei 8.906/1994) reforça a indispensabilidade do advogado e a função social que exerce, conforme previsão do artigo 2º, caput, e parágrafos 1º e 2º, que afirmam:

Art. 2º. O advogado é indispensável à administração da Justiça.

> § 1º. No seu ministério privado, o advogado presta serviço público e exerce função social.
>
> § 2º. No processo judicial, o advogado contribui na postulação de decisão favorável ao seu constituinte, ao convencimento do julgador, e seus atos constituem múnus público.

Concomitante a esses atos múnus Público a exaurir insigne função social, há tempos alguns advogados vêm contribuindo para elevação de seus atributos constitucionais, por meio do exercício da advocacia colaborativa.

Antecedentes da Advocacia Colaborativa

Demais disso, dos antecedentes da advocacia colaborativa, consta que esta surgiu em 1990, nos Estados Unidos, por meio de um advogado que atuava no âmbito de direito de família chamado Shart Webb.

Consoante a próprio relato de S. Webb, esse estava infeliz com a advocacia como ela era exercida, odiava o que fazia e não gostava de ir ao trabalho pela manhã, era isso o que sentia quando acordava para trabalhar pela manhã.

Segundo S. Webb, a advocacia era sempre algo que ele não esperava que poderia acontecer, uma espécie de guerra mesmo, inclusive na época pensou em abandonar a profissão.

Nesse passo, S. Webb começou a fazer alguns cursos, e percebeu que poderia continuar na advocacia, porém de outra forma, sabia que precisava fazer o que gostava e não o que não gostava.

Nessa toada, sociabilizou com uma colega advogada sobre a hipótese de se fazer acordos e negociar ao redor da mesa, todavia, começamos a trabalhar em alguns casos e os resultados foram positivos e promissores.

De ora em diante em 1990, S. Webb declarou-se um advogado colaborativo, mas até então, não havia qualquer outro como ele, então se percebeu a necessidade de encontrar outros colegas engajados nesse sentido.

Naquele instante, alguns casos houve o registro de experiências nada agradáveis, posto que trabalhava a mudança do perfil tradicional e insígnias da profissão do Advogado, nada obstante, em outras logrou-se existo, ensejo, as práticas colaborativas foram sendo aderidas.

E foi isso o que aconteceu, os advogados colaborativos começaram a se espalhar pelo País e pelo mundo. S. Webb começou a enviar cartas a aproximadamente doze advogados que eu achava que poderiam ter algum interesse.

No começo apenas 9 (nove) colegas começaram a envolver-se adotando a postura colaborativa, a qual retira dos advogados litigantes o poder e desarma-o, tornando o ambiente mais colaborativo e propenso à resolução.

Características da Advocacia Colaborativa

Nessa esteira, esta é a principal característica da advocacia colaborativa, da qual o advogado que se declare colaborativo, e por seguinte caso de não haja a composição, de ora em diante ambos os patronos assumem compromisso ético de não atuar pela via contenciosa na questão em tela, posto que teve acesso a dados confidencias aberto em razão de proposta inicial de resolução consensual.

Veja-se, que essa é uma tendência e movimento com pontos positivos a inspirar outros profissionais a fim de aderir as práticas colaborativas, com a doação existem grandes possibilidades de retorno para todos nós Advogados, o qual gozaremos dos frutos de uma justiça célere e eficaz.

Demais disso, de fato alguns Advogados e outros profissionais, vêm desenvolvendo e disseminando as práticas colaborativas, *uma das pioneiras da Advocacia Colaborativa, é Pauline Tesler que faz reflexões sobre o porquê da prática colaborativa, e aborda seus estágios, ferramentas, protocolos, documentos, e até mesmo marketing.*

A psicóloga Peggy Thompson agregou uma importante inovação às práticas colaborativa, nela incluindo profissionais de outras áreas, possibilitando assim um trabalho em equipe com um enfoque multidisciplinar.

Nesse diapasão, a ideia de uma prática que vai ao encontro deste novo olhar sobre o conflito, na medida em que propõe uma abordagem multidisciplinar e adequada da lide, encarando-o sem adversariedade.

A advocacia colaborativa é profícua, à despeito de todas as dificuldades, foca-se o resultado num efeito construtivo para as pessoas envolvidas, na medida em que possibilita autocomposição com a qual as pessoas possam efetivamente conviver sem carga do ranço cultural da litigiosidade e ganha ou perde.

No Brasil, os advogados, (as) adeptos das práticas colaborativa, vem se reunindo desde agosto de 2011, com sede no Rio de Janeiro, o grupo é composto por profissionais das áreas *jurídica*, de *saúde* é *financeira*, com princípio basilar de atuação não adversarial, extrajudicial e multidisciplinar na busca pela solução de conflitos.

Como funciona atuação colaborativa?

Existe uma rede em que o cliente procura o advogado ou é encaminhado a ele por terapeutas de família ou outros profissionais, manifestando, por exemplo, o desejo de divorciar-se.

De ora em diante o Advogado e cliente mapeiam e prospectam as circunstâncias do conflito e avaliam a pertinência ou não da abordagem colaborativa, nesse passo cabe ao advogado explicar ao seu cliente as etapas do procedimento e como a equipe multidisciplinar atua.

Nesse contexto e especificidades do caso concreto, o advogado avaliará a necessidade de integração a uma equipe de profissionais colaborativos de outras áreas de conhecimento.

O profissional de saúde, com muita frequência, terá uma função importante, na medida em que oferece suporte emocional ao cliente, (funcionando como *coach*). Advogado e *coach* atuam lado a lado com um mesmo cliente.

Não muito raro, caso haja filhos menores, um especialista em desenvolvimento infantil será chamado, se necessário, outrossim, caso houver patrimônio, dívidas ou necessidade de identificar valores de contribuição financeira para manutenção dos menores, é indicado consultor financeiro, nada obstante, ambos profissionais são imparciais e neutros a demanda e atuando como terceiros avaliadores.

Nesse passo, na advocacia colaborativa os profissionais envolvidos no vertente caso assinam um *termo de confidencialidade* e *um termo de não litigância*, ensejo, adrede se instala um ambiente protegido de conversa e o compromisso ético de que não funcionarem como testemunhas em quiçá processo judicial no caso de não ocorrer a composição.

Partindo para o lado prático, reitero as palavras de nosso mestre professor. Antenor Miranda de Campos:

> *O excesso de demanda exuberante termina por sobrecarregar os nossos juízes, levando conflitos, por vezes simples, a se procrastinar por anos a fio, até chegar ao provimento final, a despeito do Princípio da Razoável Duração do Processo insculpido no inciso LXXVIII do art. 5º de nossa Carta Política.*

Atesta ainda o mestre, que recente relatório do CNJ revela, ainda, a reduzida capacidade produtiva do primeiro grau de jurisdição, em torno de 27% da demanda e uma taxa de congestionamento da ordem de 73%, dados esses que evidenciam a insuficiência da concentração de esforços na redução dos índices de crescimento de demandas nos cartórios judiciais, e que podem ser minimizados com mudança de paradigma, afastando a contenciosidade, e, por conseguinte optando pela solução pacífica dos conflitos.

Ora pois, diversa da morosa e penosa via contenciosa contextualizada acima, pela advocacia colaborativa uma vez alcançando autocomposição, os termos do acordo são redigidos pelos advogados formalizados em uma minuta, a qual as partes assinam e levam ao Poder Judiciário para homologação.

Portanto, desponta cristalina os Bônus de Frutos da Advocacia colaborativa tanto para os Advogados como para seus clientes.

Frutos pela adesão da advocacia colaborativa

Diga-se, ademais, dentre outra vantagem da advocacia colaborativa é a atuação da equipe multidisciplinar cujo objetivo é disponibilizar aos membros da família o profícuo suporte e conhecimento jurídico, emocional e financeiro, ajudando-os a vencer transição e doravante construírem uma nova dinâmica familiar.

Em suma, as práticas colaborativas e o pleno exercício da Advocacia Colaborativa são ferramentas essenciais de participação social no contexto coletivo, outrossim, são incontestes as vantagens e o custo benefício para os advogados e seus clientes.

Todavia, esses são novos caminhos e não menos importante com as práticas colaborativas, não significa abrir mão de seus direitos, mas, antes, garanti-los de forma mais célere e eficaz, sem o desgaste da contenciosidade.

Nesse sentido, utilizando as palavras de Ticão, de fato há o senso comum entre os brasileiros de que a

> Justiça é lenta para com muitos e excessivamente ágil para com outros. Dizem também, que aqueles que podem pagar um bom advogado conseguem maior agilidade em seus processos. Será isso meramente senso comum ou há alguma verdade?

Ora, ainda que seja uma ideia do senso comum, nós Advogados, não podemos manter-se inertes ao reconhecimento de fatos incontestes, não obstante, devemos erigir nossa finalidade social que compõe a justiça em face dessa carga negativa, e que de fato na essência possui contornos de verdades colhidas em meio ao povo.

Ainda aproveitando judiciosas palavras de Ticão, é consabido que o tempo de julgamento de um processo judicial extrapola qualquer razão, são anos e até mesmo décadas, e mais deletérios são contados um ou outro processo que tenha sua solução de mérito definida.

Ocorre que diante desse colapso jurisdicional, muitos brasileiros abram mão de direitos fundamentais, quando confrontados em seu dia a dia com situações que exijam abertura de um processo judicial. Conforme ensina Pe. Antônio Luiz Marchini (Ticão):

> *Tristemente, tais fatos nos levam a concluir pela prática cotidiana de injustiças por parte, sobretudo, daqueles que deveriam dar exemplo. E o pior, este o fazem por acreditarem que a morosidade da justiça brasileira lhe serve de escudo protetor. Por outro lado, o excessivo número de processos em tramitação nas várias esferas judiciárias e o reduzido quadro de juízes, promotores e demais profissionais do setor confirmam a morosidade na solução dos mesmos.*

Exaurindo raciocínio, colaciono parte do texto prefácio exarado na primeira edição da obra conciliação de nossa lavra, a qual o Professor Luiz Flávio Gomes nos honrou redigindo irrefragável lição, *ipsis litteris*:

> O tema transcende em muito os meandros da Justiça e nos conduz a perguntar sobre o papel que podemos de-

> sempenhar no mundo em que vivemos? Quando fazemos essa reflexão, logo percebemos que nosso verdadeiro propósito tem que ser o de eliminar os conflitos que nos impedem de obter progressos e tranquilidade (...) o mais urgente é romper a resistência que nossa cultura (social e jurídica) apresenta em relação ao uso de técnicas alternativas para a resolução dos nossos conflitos. (...) O advogado, na medida em que passa a conhecer os métodos consensuais, tem condições de assistir ao seu cliente e a população em geral nos processos em que houver a necessidade de negociação.(...) Se com determinação descobrimos nosso objetivo, tudo fazemos para extirpar do nosso passado aquilo que impede uma vida plena e saudável no presente e no futuro. Quando nosso escopo na vida não está claro é muito fácil nos perdermos ao longo da nossa viagem. É muito fácil perder o rumo que gostaríamos de seguir e vagar à deriva, extraindo da vida muito menos do que aquilo que poderíamos alcançar

Por estas e tantas outras razões, tudo isso nos levam a crer piamente nessa nova ordem, e, todavia, não ficar inerte a esse quadro nada agradável, buscando assim erigir a honrosa atribuição constitucional da Advocacia.

Portanto, disseminar a advocacia colaborativa e os grupos adeptos, é apenas uma etapa a fim de agilizar a autocomposição de lides, que em alguns casos, evitaria a deletéria propositura de ação judicial.

5

A MEDIAÇÃO COMO NOVO PARADIGMA

Mediação através da justiça restaurativa

Na mesma toada do exposto até aqui, essa 2ª edição abordo alguns aspectos da mediação utilizando à justiça restaurativa.

Como as demais ferramentas destinadas a resolução consensuais de conflitos, à Justiça restaurativa tende a compor dano de natureza criminal em substituição ao modelo tradicional de aplicação de castigo ao agressor infrator da normal penal.

Isso posto, para melhor entendimento sobre justiça restaurativa, opto por expor algumas formas de aplicação composição de dano por meio da mediação, procurando dissecar objetos e destinatários.

Conceito de Mediação

A mediação é uma forma consensual de solução de conflitos na qual um terceiro imparcial, denominado mediador, facilita a comunicação entre as partes auxiliando-as na busca de uma solução construída por elas.

Entre inúmeros aspectos, o procedimento da mediação serve para inúmeros propósitos como exemplo: contribuir para que os mediados definam ou esclareçam as questões controversas na lide e entendam outras perspectivas de uma mesma questão.

Igualmente a mediação é um modelo de auto composição vantajosa a fim de identificar os interesses que muitas vezes são velados, assim, por meio do facilitador ou mediador é possível explorar avaliar possíveis soluções para o conflito, demonstrando para as partes as opções de acordo mutuamente satisfatório quando possível.

A Mediação apresenta-se como um método de célere e eficaz na autocomposição, podendo ser profícuo em diversas áreas como por exemplo: conflitos empresariais, societários, familiares, cíveis, socioambientais, escolares, dentre outros.

O Papel do Advogado na Mediação

Reiterando o que já foi exposto no tópico de advocacia colaborativa, na mediação não é diferente, pois os advogados nos plenos exercícios das suas prerrogativas e atributos sociais insurgem erigindo as insígnias de profissão essencial a administração da justiça, assim, o advogado inserto no contexto da autocomposição dá fé pública à natureza imprescindível da mediação.

São os Advogados que, uma vez solicitado em face do caso concreto, podem optar pelo assessoramento de seus clientes elegendo a forma mais adequada para solução do conflito colocado à mesa, ensejo, se presente o paradigma no profissional forense, a contenciosidade deixa de ser via primária, portanto, antes de criar pelejas inoportunas o advogado poderá demonstrar para seu cliente a necessidade de trocar as lentes evitando desgastes e perda de tempo.

Isso posto, em tempos atuais o advogado deve estar preparado para mudança de paradigma funcionando outrossim como instrutor do cliente criando possibilidades por meio da mediação.

Na mediação on line

Diante das novas tecnologias, não é possível abrir mão das ferramentas disponíveis a fim de otimizar os trabalhos de autocomposição, adrede, na mediação *online*, o advogado estará agasalhado a orientar as partes e têm todas as vantagens da escolha desta via de solução de conflitos somadas à facilidade de mobilidade.

Nesse passo, o profissional mediador pode e deve utilizar as inúmeras ferramentas de comunicação e equipamentos, vez que estes se apresentam hábeis a manter qualidade de mediações presenciais nas mediações à distância, com o benefício de redução de custos e maior celeridade no procedimento.

Mediação intraempresarial

Inúmeras são as oportunidades das quais o mediador é desafiado a intervir no âmbito das sociedades empresárias. Em verdade diariamente insurge o "*conflito de interesse qualificado por uma pretensão resistida*" (J.Q.), momento que o profissional adepto ao paradigma consegue erigir a eficácia da mediação.

Na mediação intraempresarial devota-se zelo ao aprimoramento da convivência entre sócios e/ou funcionários ou construir o melhor modelo para a dissolução destas relações quanto insustentável.

É consabido que dentro da selva de pedra dos negócios e sociedades empresarias podem ocorrer conflitos latentes internos, ainda não combatido e que de forma deletéria dificulta à produtividade do grupo. Adrede, a mediação intraempresarial é via adequada facultada ao Advogado poderá auxiliar as partes tanto na identificação dos conflitos quanto na melhor forma de resolução, prevenindo a contenciosidade.

Nessa toada, o ambiente empresarial é terreno fértil aos frutos colhidos na mediação, pode inegavelmente constitui uma ferramenta eficaz para a solução de conflitos, que se adequa perfeitamente à célere dinâmica da empresa.

Seguindo esse raciocínio, igualmente as demais áreas, no mundo dos negócios empresariais, a mediação apresenta-se como procedimento consensual pelo qual os sócios e clientes, com o auxílio de um terceiro imparcial conhecedor de técnicas específicas poderá facilitar à comunicação, de modo que as partes por si mesmas, angariem elementos vantajosos a solução de conflito das sociedades empresarias.

Mediação interempresarial

De mais a mais, necessário assinalar que no âmbito da mediação resta afastada a formalidade impostas pela lei, consoante a inteligência inserte na Lei n° 13.140/2015, a mediação está escudada na informalidade e valoração a autonomia das pessoas envolvidas na lida, portanto, o mediador é um facilitador que agasalha e erige a liberdade decisão durando os trabalhos de autocomposição.

Nessa esteira, diante a informalidade e valorização de autonomia das partes, outras ferramentas e técnicas se sobrepõem aos modelos rígidos, todavia, a organização dos trabalhos por meio oral sem termos e formalização escrita de provas exemplificam o conjunto de atos destinados a autocomposição.

Oportunamente, a Mediação interempresarial intervém nas relações decorrentes do conflito de interesse erguidas de partes contratantes e contratadas seja qual forma a sua natureza, trago, por exemplo, uma lida decorrente de contrato de empreitada em que se estabeleceu prazo para entrega do serviço.

Nesse contexto, supondo que ocorra quebra de contrato pela inexecução do serviço dentro do prazo, na mediação interempresarial, o facilitador poderá efetivar uma perícia ou técnico de confianças das partes que atestará quais itens foram efetivamente cumpridos ou não, e de ora em diante o ponto controverso da lide está consabido e evidenciado em poucos dias, sendo incontestavelmente mais vantajoso do que a via judicial, ora, é consabido que uma perícia determinada pelo juiz demorada no mínimo 6 (seis) meses, em caso concordância aos honorários do perito judicial (art. 465 CPC).

Seguindo o mesmo raciocínio do exemplo dado acima, inúmeras situações são diariamente levadas ao Poder Judiciário, oportunamente insurge as vantagens da autocomposição por meio da mediação de modo que esta é hábil a profligar a via contenciosa.

Demais disso, outro aspecto fundamental e profícuo no âmbito da mediação é a confidencialidade. O mediador dentre inúmeros preceitos ético deve valorizar o respeito à discrição e sigilo das provas produzida ao afastando qualquer hipótese de ser levada a público.

Em demandas postas em juízo existe a possibilidade em casos previstos na lei de restringir o acesso, não obstante, em outras principalmente na era do PJE – Processo Judicial Eletrônico, tudo fica aberta *on line*, basta que um advogado entre no sistema para ter acesso a todas as informações da controvérsia e das pessoais envolvidas.

Portanto, nessa ordem que se apresenta, o mediador é um construtor de ideias onde as partes interessadas ao acolherem e elegerem uma das vias da resolução, mais propensas a efetivamente pugnar pelo cumprimento dos termos acordados. Mas não é só isso, ensejo, quanto às partes aceita a sugestão, a relação tende a restar preservada em razão do sentimento gerado pela autocomposição.

Em verdade compor traz boas energias às pessoas de bem, o que se diverge a ideia inserte na heterocomposição, que impõe por meio de uma sentença ao árbitro de um juiz que não conhece a vida e sentimentos das partes, e, muitas vezes, sem elementos impõe à vontade das partes decisão, o que gera inegável resistência da parte prejudicada.

Portanto, nas atividades de gestão empresarial e, por isso, a mediação se revela uma ferramenta adequada à solução de conflitos empresariais, comerciais e outros em que nasce a lide. Nada obstante, é inconteste a possibilidade de produção de provas no curso da mediação, de forma célere e sigilosa, a fim de formar a convicção dos administradores na construção de uma solução ao conflito, constitui uma vantagem em relação a outras formas de solução de controvérsias.

Em remate, a mediação interempresarial busca preservar, melhorar ou resgatar a relação entre empresas parceiras para que possam seguir atuando em modelo de parceria ou para evitar conflitos decorrentes de necessidades aparentemente diferentes ou conflitantes. O mediador funciona como auxiliador das partes a encontrarem modelos criativos e produtivos para a manutenção das relações empresariais.

Mediação familiar

Conforme exposto no capítulo anterior, onde abordamos a multidisciplinares e advocacia colaborativa, posto que oportuno a mediação familiar apresenta-se como fundamentais para atuação do advogado e já vêm sendo aplicadas por alguns profissionais adeptos da advocacia colaborativa.

Em contraposição aos adeptos da via contenciosa, a mediação familiar comprovadamente traz ótimos resultados, sem perder de vista as insígnias da advocacia pátria que por sinal foi, é, e sempre será indispensável à administração da justiça no seu exercício e fiscalização da prestação jurisdicional.

Reiteramos que, exceto aquelas lides emergenciais que exigem da aplicação da via contenciosa, não obstante, há rol taxativo de lides cuja função social Múnus público do advogado deve prevalecer como efetivo respeito ao cidadão e zelo ideia de acesso à Justiça.

Concomitante a esses atos múnus público a mediação familiar ao ser aplicada pode exaurir insigne função social, contribuindo para elevação de seus atributos constitucionais, pois o mediador no âmbito da autocomposição familiar deve assumir um compromisso ético zelando pelos dados confidencias aberto em razão de proposta inicial de resolução consensual.

A mediação familiar se assemelha muito com a advocacia colaborativa, a despeito de todas as dificuldades, foca-se o resultado num efeito construtivo para as pessoas envolvidas, na medida em que possibilita autocomposição com a qual as pessoas ligadas a laços sanguíneos ou geradas por meio de matrimônios, possam efetivamente conviver sem carga do ranço cultural da litigiosidade e ganha ou perde.

Exemplificando, em mediador familiar sendo a demanda posta à mesa, não muito raro cuida de divórcios, sucessões e outros conflitos relacionado aos bens que devem ser partilhados.

O mediador nesses casos deve mapear e prospectar as circunstâncias do conflito e avaliando o objeto principal da lide. Nesse contexto e variando de caso a caso, o facilitador avaliará a necessidade de integração a equipe de profissionais colaborativos de outras áreas de conhecimento.

O profissional de saúde (psicólogo), com muita frequência, terá uma função importante, na medida em que oferece suporte emocional ao cliente, atuando lado a lado com um mesmo cliente.

Nessa esteira, em caso que existam filhos menores, um especialista em desenvolvimento infantil será chamado, se necessário, outrossim, caso houver patrimônio, dívidas ou necessidade de identificar valores de contribuição financeira para manutenção dos menores, é indicado consultor financeiro, nada obstante, ambos profissionais são imparciais e neutros a demanda e atuando como terceiros avaliadores.

Nessa toada, se faz necessário destacar a eficácia da mediação família em relação morosa e penosa via contenciosa, uma vez alcançando autocomposição, os termos do acordo trazidos pelo mediador, serão redigidos pelos advogados formalizados em uma minuta, a qual as partes assinam e levam ao Poder Judiciário para homologação.

Ora, desponta cristalina e eficiência da via consensual no ambiente familiar é consabido pelos advogados que qualquer demanda proposta não leva menos do que dois anos quando depende de uma decisão jurisdicional, por outro lado a autocomposição proporciona o resultado pretendido em poucas horas, permitindo que membros envolvidos na lide passem seguir suas vidas sem depender de uma homologação judicial.

Portanto, desponta cristalina os Bônus de Frutos da uma justiça célere e eficaz por meio do mediador familiar cujo objetivo é disponibilizar aos membros da família o profícuo suporte e conhecimento jurídico, emocional e financeiro, ajudando-os a vencer transição e doravante construírem uma nova dinâmica familiar.

Do exposto neste tópico, conclui-se que a mediação familiar objetiva preservar, melhorar ou resgatar a relação das pessoas com os mais diferentes graus de parentesco e nas mais conflituosas situações, vez que em família, é comum que a existência de problemas de comunicação ou de diferenças de expectativas, resulte em conflitos.

O mediador pugna utilizando as técnicas da mediação para auxiliar os membros envolvidos, melhorando a comunicação e sem perder de vista enfoque na solução positiva do conflito familiar.

Mediação na área cível

Na mediação aplicada à área cível, o mediador atua com objetivo de preservar, melhorar ou resgatar a relação das pessoas em diferentes relações, quando conflituosas, sendo estendidas para as relações consumerista, ou seja, de lides relacionados a uma relação de consumo.

Nessa subdivisão didática, é enorme a abrangência dos destinatários da mediação, pois os conflitos são inerentes a todas as formas de relações humanas e o mediador, como facilitador da comunicação entre os envolvidos, busca auxiliar as partes a identificarem seus interesses, alcançarem novas formas de visualizar o conflito e suas possíveis soluções.

Mediação Ambiental

Nos dias atuais nunca se falou tanto em meio ambiente, ensejo, a mediação ambiental busca preservar, aprimorar relações conflituosas decorrente de lides socioambientais entre a comunidade em geral, o poder público e as empresas privadas e todas as interações decorrentes destas.

Nesse diapasão, em conflitos socioambientais a mediação permite que os envolvidos na lide busquem soluções criativas para a situação em concreto, promovendo a cooperação entre todos, resultando assim em maior eficácia e satisfação das partes sem perder de vista a indisponibilidade da preservação ambiental.

Mediação na área da saúde

Diante de inconteste mercantilização e inercia do puder publica na prestação de serviço de saúde de qualidade a seus cidadãos, todavia, seja no âmbito privado ou particular é crescente lides relacionadas a relação médico paciente.

Nessa esteira, são crescentes e ordinárias demandas, que se apresentam profícuas a mediação na área da saúde, a qual objetiva resguardar, aprimorar ou recuperar as relações entre médicos, pacientes, seus familiares, dirigentes de hospitais e todas as interações daí decorrentes.

A mediação na área da saúde proporciona insignes opções alternativa de resolução de conflitos, em circunstancia detida desfavorável, delicada e quase sempre em condições emocionais promíscuas diante do ambiente hospitalar, no qual a presença de facilitador capacitados nas técnicas de mediação favorece a melhora no diálogo entre polos da lide a estabelecerem seus reais interesses, com foco no resultado.

Mediação Escolar

Esse modelo de mediação busca preservar, aprimorar e reparar lides geradas dentro do ambiente escolar na relação entre alunos, professores, pais e direção e todas as circunstancias oriundas desta convivência.

A seguir abordaremos uma das principais ferramentas expostas nesta 2ª edição, qual seja, a justiça restaurativa aplicável por meio da mediação no ambiente escolar, que permite aos envolvidos refletirem sobre seus valores, a necessidade da cultura da paz, fortalece o protagonismo e autonomia de cada um, como responsável por suas relações e por uma sociedade não violenta.

6

A MEDIAÇÃO USANDO A JUSTIÇA RESTAURATIVA

Justiça Restaurativa: o que é e como funciona

Por primeiro necessário assinalar que justiça restaurativa é um dos meios de mediação, praticada internamente há cerca de 10 anos no Brasil, sendo inegável que à prática da Justiça Restaurativa tem se expandido pelo país.

Conhecida como uma técnica de mediação em face de lide de natureza penal, a justiça restaurativa apresenta-se solução de conflitos sob o prisma e valorização na criatividade e na sensibilidade na escuta das vítimas e dos ofensores, ensejo, a seguir demonstraremos que a prática tem iniciativas cada vez mais diversificadas gerando resultados expressivos.

Em São Paulo, a Justiça Restaurativa tem sido utilizada em dezenas de escolas públicas e privadas, auxiliando na prevenção e na diminuição do agravamento de conflitos. No Rio Grande do Sul, juízes aplicam o método para auxiliar nas medidas socioeducativas cumpridas por adolescentes em conflito com a lei, conseguindo recuperar para a sociedade jovens que estavam cada vez mais entregues ao caminho do crime.

A Justiça Restaurativa é bastante incentivada pelo Conselho Nacional de Justiça (CNJ) por meio do Protocolo de Cooperação para a difusão da Justiça Restaurativa, firmado em agosto com a Associação dos Magistrados Brasileiros (AMB), nada obstante colaciono imagens disponibilizadas pelo CNJ em seu portal de cujo informativo e que de modo profícuo a divulga o tema:

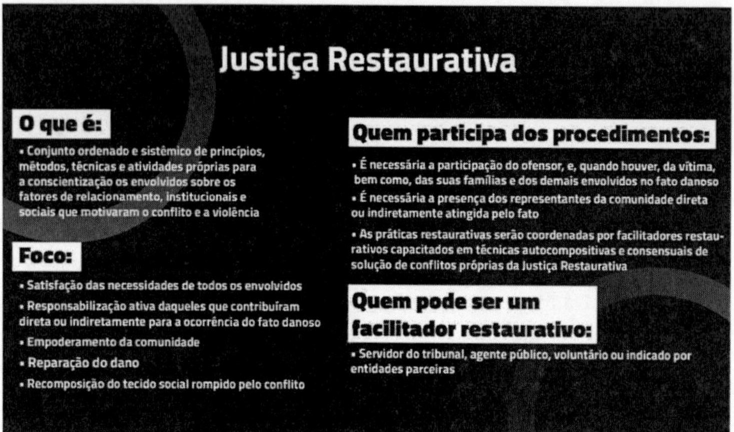

Fonte: Resolução 225/2016 do CNJ — Matheus Durães / Arte CNJ

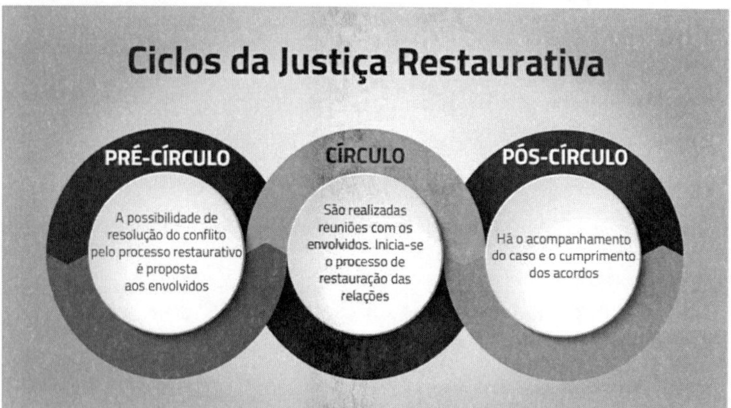

Fonte: Conselho Nacional de Justiça — Matheus Durães / Arte CNJ

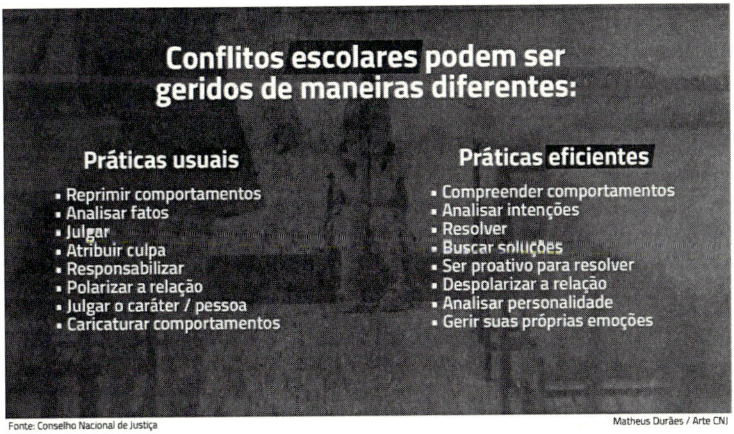

Fonte: Conselho Nacional de Justiça — Matheus Durães / Arte CNJ

Conceito de Justiça Restaurativa

Inumeros são os conceitos sobre a justiça restaurativa, não obstante, digo eu que pode ser definida como o conjunto de atos coordenados com foco na autocomposição da lide de natureza criminal, onde por meio da mediação busca-se dirimir e compor o dano com efetiva participação de vítima agressor e partes as envolvidas na circunstância detida.

Registram-se no exterior, as primeiras experiências vindas do Canadá e da Nova Zelândia e que ganharam relevância em várias partes do mundo. Intermente ainda estamos em caráter experimental, mesmo em prática isoladas há pelo menos dez anos.

Em linhas gerais, a metodologia da mediação por meio da justiça restaurativa, consiste em colocar vítima-ofensor em um mesmo ambiente guardado de segurança jurídica e física, com o foco de se buscar naquele instante um acordo, e que a solução implique em outras dimensões do problema afastando a ideia de punição, como, por exemplo, a reparação de danos emocionais.

Quem realiza a Justiça Restaurativa?

Na pratica a mediação utilizando a justiça restaurativa é feita por meio do mediador devidamente capacitado para tal, nesse contexto inexiste a figura do juiz, todavia, o mediador é o facilitador de todo o processo, proporcionando o encontro entre vítima e ofensor e, eventualmente, as pessoas que as apoiam.

Nessa esteira, por primeiro devemos descontruir a falsa ideia de que aplicar a justiça restaurativa não significa, necessariamente, apoiar o crime, e, sim, apoiar o infrator num plano e estratégia de reparação dos danos. Nesse diapasão, busca-se impreender buscar uma solução que seja aceitável. Alias, não obrigatoriedade de que mediador necessáramente precise ter formação jurídica, todavia pode ser por exemplo uma assistente social.

A Justiça Restaurativa pode ser aplicada em crimes leves e mais graves

A justiça restaurativa pode ser aplicada tanto para crimes considerados leves como para crimes mais graves, entretanto internamente, só existem trabalhos destinados aos crimes mais leves, em razão das peculiaridades das atuais estruturas existentes e que são inapropriadas para os crimes mais graves.

Necessário destacar que em outros países há preferências para aplicação da justiça resutaurativa em composição de danos em casos de crimes considerados mais graves, porque os resultados são mais percebidos sem falsa ideia de impunidade.

Ademais, ante a diversidade de tipos penais, inumeras são as possibilidades de serem encontradas para sua resolução. Assim, hipotéticamente trago exemplo do crime de sequestro relâmpago, nesse contexto vítima costuma desenvolver um temor a partir daquele episódio, associando seu agressor a todos que se pareçam com ele, criando um "fantasma" em sua vida, um estereótipo.

Nesse contexto, independentemente da persecução criminal, em face do criminoso, como recuperar a segurança emocional dessa pessoa que foi vítima? Ensejo, provavelmente se o ofensor tiver a oportunidade de dizer, por exemplo, porque a vítima foi escolhida, isso pode resolver essa insegurança que ela vai carregar para o resto da vida.

A Justiça Restaurativa não afasta a implicação de cumprimento da pena tradicional

Outra dúvida que pode surgir concernente a justiça restaurativa, é se a pena tradicional deixa de ser aplicada, pois bem. Em verdade o mediador não buscar estabelecer absolvição ou redução da pena, mas, sim, diante com caso concreto visa erigir opções para reparação dos danos uma vez colocados à mesa.

Ordinariamente a justiça restaurativa pode ser feita antes do julgamento, no entanto, há experiências de aplicação desta na fase de cumprimento da pena, na fase de progressão de regime, etc. Nos crimes de pequeno potencial ofensivo, de acordo com artigo 74 da Lei nº 9.099, de 1995, o acordo pode inclusive excluir o processo legal.

Existem também outras possibilidades como a remissão ou a não judicialização do conflito após o encontro restaurativo e o estabelecimento de um plano de recuperação para que o adolescente não precise de internação, desde que o resultado gere segurança para a vítima e reorganização para o infrator.

Aliás, por falar em infrações cometidas pelo público infanto-juvenil, destaca-se que São Paulo e no Rio Grande do Sul, por exemplo, há juízes com larga experiência na Justiça Restaurativa com adolescentes, afastando a velha forma ritualizada no CPP, aplicando assim o processo circular ponderado e lúcido, a imagem extraída do *site* da CNJ demonstra didativamente a ideia de círculo restaurativa profícuo em relação ao modelo punitivo tradicional.

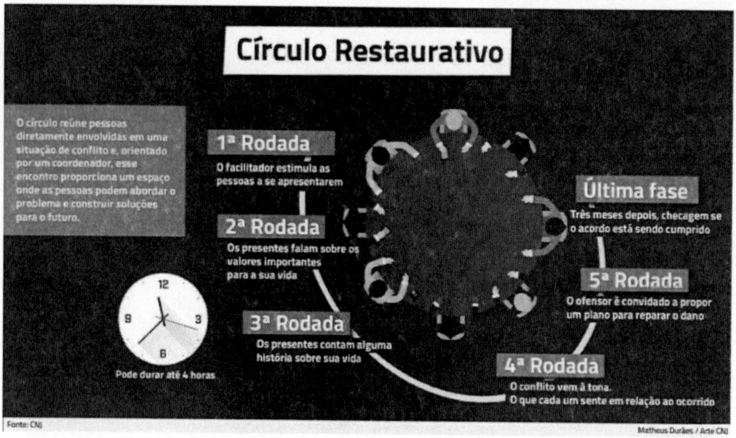

Fonte: CNJ

Matheus Durães / Arte CNJ

Diferença da Justiça Restaurativa e da conciliação

Conforme dissecado no início, a conciliação é voltada para resolver questões de interesse econômico, com hora marcada na pauta do tribunal. Já na mediação por meio da Justiça Restaurativa não é possível estabelecer quando vai acabar, pode demorar dias, meses, até se construir uma solução.

Na medida em que você tem um conflito de maior gravidade, que traz uma direção maior de problemas afetados, é preciso dedicar mais tempo, podendo se valer inclusive de várias audiências reuniões, para que a vítima tenha abertura para sugerir o tipo de reparação.

Nesse passo, é consabido que o autor do delito e o delito em si proporcionam uma desigualmente de poderes, onde o infrator detém o poder maior sobre a vítima, adrede, essencialmente a mediação utilizando a justiça restaurativa que visa readequar posições reequilibrando os poderes.

Assim, reiterando as insígnias da advocacia, nos encontros e reuniões o autor e a vítima podem comparecer acompanhado de seus advogados, que funciona exercendo o papel muito mais de defesa da voluntariedade de participação e dos limites do acordo com uma fiscalizador dando fé ao ato, para que este represente uma resposta proporcional àquela ofensa que não pode passar sem resposta, sob pena de colocar a segurança juridica em risco, pois se discute a prática de crime.

Benefício da Justiça Restaurativa

Sem muitas delongas a tecer, em muitos casos, essas iniciativas alcançam a pacificação das relações sociais de forma mais efetiva do que uma decisão judicial que não rara perdem o objeto bem antes do trânsito em julgado e efetivo comprimento da pena.

A Importância da Mediação no ambiente escolar

Reiterando o exposto acima, a mediação como forma alternativa à solução de conflitos tem apresentada grande utilidade e resultados em várias area entre elas o ambiente escolar.

Decorrente de sua informalidade, a mediação permite a aplicação por meios consensuais à vista de dessecar diferenças afastando os ideais da heterocomposição, todavia, é saneado ambiente com valoração a empatia, da escuta-ativa e da comunicação não violenta.

Oportunamente, a mediação, na esfera escolar, tem demonstrado aos alunos, professores e demais envolvidos como resolver conflitos de maneira, responsável, promovendo a vantajosa cultura de paz.

E não é só isso, há outros aspectos na construção do futuro, pois as crianças e os adolescentes em formação social e psíquica, essas são, sem dúvidas, habilidades de fundamental relevância, e de rigor a vivência de autocomposição nessa fase da vida, proporcionam a construção de Homem para o futuro com visão diversa da endocultura da litigiosidade pretérita.

De mais a mais, na prática a aplicaçao de projetos de mediação além de diminuir a ocorrência de incidentes, tem proporcionado maior integração e conscientização entre os alunos construindo a cultura do dialogo de modo a profligar a deletéria litigiosidade.

Nesse raciocínio, desponta essencial a função do educador, pois a mediação pode e deve ter sua aplicação por meio de membros do núcleo pedagógico (o professor), o qual, habilitado e treinado a isso, aproveita-se da demanda e pedagogicamente pode incutir na mente dos alunos a responsabilidade adquirida e aprendida nos atos praticados mitigando ideia retrógrada do talião sem com a velha postura acusatória e punitiva.

Em remate, é possível, consoante já abordado, que alunos sejam treinados e capacitados em práticas mediativas, de modo a sociabilizarem a resolução das lides com outros alunos por meio de técnicas de comunicação, escuta e empatia.

Diga-se, ademais, ainda no ambiente escolar, destaca-se a mediação em rede, em que a escola prepara uma equipe de mediadores para atuar em todos os conflitos que lhe caibam, utilizando, outrossim, do conhecimento disseminando por outras áreas externas ao ambiente de ensino, tais como psicólogos, psicopedagogos, etc.

Destaca-se na prática que a aplicação da Justiça Restaurativa nas escolas do Estado de São Paulo tem rompido esse ciclo de violência e recuperado adolescentes para o convívio social e escolar sem a necessidade de aplicação de medidas de caráter meramente punitivo.

Todavia, esse modelo de mediação utilizando a Justiça Restaurativa pode ser utilizado em qualquer etapa do processo criminal, e consistindo na adoção de medidas voltadas a solucionar situações de conflito e violência, mediante a aproximação entre vítima, agressor, suas famílias e a sociedade na reparação dos danos causados por um crime ou infração.

Do exposto, extrai-se que Justiça Restaurativa envolve diferentes pessoas e instituições na resolução de um conflito, que auxiliam na reparação dos danos causados e na recuperação social do agressor, aplicando o conceito de corresponsabilidade social do crime.

7

JUSTIÇA RESTAURATIVA MUNICIPAL.

Justiça Restaurativa nos processos administrativos

Ao assumir a presidência Setor de Sindicancias e Procedimentos Apuratórios da Prefeitura Municipal de Mogi Guaçu, identitiquei que o modelo de justiça restaurativa é adequado ao PAD instaurado para apuração de conduta de servidor infrator.

Digo eu que são inumeras as situações em que a aplicação da mediação, utilizando a justiça restaurativa, é perfeitamente aplicável com maior eficácia em relação ao modelo punitivo. Pensando, valho-me desta para partilhar o entendimento com muito gosto, aliás, tenho a "*pretensão*" de vê-la disseminada em procuradorias e nos Poderes Executivos espalhados pelo Brasil.

Das penas no âmbito do processo administrativo

Concenente ao processo administrativo disciplinar, cada legislação muncipal estabelecerá as sanções para determinadas condutas de seus servidores. Além das sanções disciplinares, os agentes públicos estão sujeitos as penas de natureza civil e penal, correspondentes aos ilícitos praticados no exercício de suas funções públicas.

A administração, quando aplica sanções aos seus servidores, assim, no modelo autual deve atender às determinações legais.

Penas aplicáveis por infrações administrativas

- Advertência.
- Suspensão.
- Multa.
- Demissão.
- Cassação de aposentadoria ou disponibilidade.
- Destituição de cargo em comissão.
- Destituição de função comissionada.

Justiça restaurativa e o termo de compromisso de ajustamento de conduta

À vista de experiências na chefia do setor de sindicância e procedimentos apuratórios de Mogi Guaçu, foi possível constatar que é adequada ao Administrador que seja oportunizado a imposição de sanções educativas (justiça restaurativa).

De rigor, ao servidor infrator é possível propor o ajustamento de conduta e ao mesmo tempo assegurar o interesse público quando a pena eventualmente contraria conveniência de "*res pública*" ou venha afrontar os princípios da economia processual e da insignificância ou de bagatela.

Nesse raciocínio, é o caso, por exemplo, de suspensão de um médico, como pena disciplinar, submetendo os pacientes também a prejuízos, quando tal medida não pode ser mitigada com a presença de outro profissional. O mesmo ocorre com a ausência de professor, de motorista do transporte escolar, etc. O que se pretende a facultar é uma alternativa que atende ao interesse público.

O instituto do compromisso teve relevo primeiramente no Estatuto da Criança e do *Adolescente (*Lei nº 8.069/90, art. 11). O CDC – Código de Defesa do Consumidor (Lei nº 8.078/90) também adotou o instituto, ao inserir o § 6º ao art. 5º da Lei da Ação Civil Pública (Lei nº 7.347/85).

Todavia, as instituições públicas em todas as esferas (Federal, Estadual, Municipal, suas autarquias e fundações e suas entidades da Administração Indireta) podem propor o termo de ajustamento de conduta de infrator ou autor de conduta de dano potencialmente lesivo aos interesses sociais e individuais indisponíveis.

O Compromisso normalmente é firmado por meio de Termo de Ajustamento de Conduta – TAC, que terá maior eficácia do que simplesmente aplicar punição em alguns casos, adrede, na mediação usando a justiça restaurativa, há uma proposta de composição do dano feita pelo presidente da comissão sindicante, visando afastar a ideia da heterocomposição tradicional.

Em remate, penso que devemos difundir o tema nas procuradorias e aos chefes dos Poderes Executivos municipais, pois à justiça restaurativa é perfeitamente aplicável em setores de sindicâncias e procedimentos apuratórios dos Municípios.

CONSIDERAÇÕES FINAIS

Analisando os institutos que norteiam o estudo do tema em epígrafe, concluímos esta segunda edição reiterando os vários aspectos que demonstram os bônus e frutos da via consensual de resolução da lide.

Outrossim, penso que advocacia colaborativa deve ser difundida nos cursos de graduação em direito, a fim de fomentar o interesse dos novos profissionais, que em breve estarão no mercado.

Aliás, é pertinente destacar que existem dados oficiais acerca da quantidade de advogado batendo cabeça na tentativa de conquistar clientes, esses números podem ultrapassar a insigne marca de 1.500.000 (um milhão e meio) de advogados.

Nesse passo, agasalhado em nossa vivência na advocacia e toda minha experiência forense, digo eu que é praticamente impossível que o cidadão, ao solicitar o Judiciário pela via contenciosa, obtenha uma resposta dentro de um prazo razoável, fato esse inconteste.

Destaca-se, que quando há uma sentença, essa chega com a ideia de justiça totalmente desmaterializada, sem que a função de dizer o que o direito tenha alcançado e a sua finalidade.

Diante dessa realidade, o CNJ trouxe carta legal, colocando em prática competências de controle administrativo e financeiro do Poder Judiciário, gradativamente, buscando inserir uma política pública de incentivo e aperfeiçoamento dos mecanismos consensuais de solução de litígios.

Foram diversas às vezes, exercendo a função de conciliador e como advogado que senti na pele o encargo de fazer partes de uma sociedade bélica.

Presidindo os trabalhos no JEC, inúmeras vezes, as partes entraram na audiência com respiração ofegante preparada o embate.

Isso é fato, devido a era da informação, não raro as partes vêm para audiência "*embasadas*" quanto a um possível direito material, e esperam que uma terceira pessoa, no caso o juiz, possa obrigar e tutelar esse direito que ela imagina possuir em face da vontade da outra parte.

De mais a mais, diversas lides não mais dependerão de uma decisão de um terceiro diante da morosidade e formalidade de uma AÇÃO JUDICIAL, que aliada à resolução consensual, por si só pode trazer enorme carga de satisfação das partes.

Nesse diapasão, com todas as vênias, inúmeras foram às vezes que constatei colegas advogados referindo-se ao conciliador, bem como a conciliação em tons jocosos com nítida pretensão de enxovalhar os trabalhos de função tão necessária.

Assim, obtempero aos "velhos" e "novos" colegas advogados profissionais liberais, que, é possível enxergar uma nova perspectiva, onde se deve trocar as lentes em relação ao serviço do conciliador e os métodos consensuais de resolução do conflito, vez que esses de modo condigno atuam como construtor e colaborador para a resolução amistosa, negociada de pacificação social.

Denota-se que modelo é vantajoso para sociedade, assim, as técnicas abordadas nessa edição, surge como à necessária mudança de paradigma, de modo que poderemos continuar a reduzir excessiva judicialização dos conflitos de interesses e quantidade de recursos e de execução de sentenças.

A bem da verdade, tais ações e aplicações dos métodos consensuais de resolução de conflitos são apropriados, eficientes e insurge como profícuos instrumentos de pacificação social.

Isso posto, para continuidade da nova ordem, há a necessidade de uniformizar a atuação dos conciliadores e mediadores, razão pela qual, reitero o exposto na primeira edição desta obra, concernente a formação de capacitações, aperfeiçoamento e formação continuada dos conciliadores e mediações são de suma importância para boa execução e construção de novo paradigma.

Nesse contexto, a mediação é ferramenta vantajosa para a construção da mudança de paradigma, aliás, essa não é restrita só aos conciliadores e mediadores compromissados nos TJs, sem embargo pode ser destinado a todo e a qualquer cidadão, principalmente o advogado, que, conforme dissecado possui função social ímpar e essencial na administração da Justiça.

Mister se faz destacar ainda, que mudança de paradigma extraídos de inúmeros debates ensejou em orientações para inclusão da disciplina relaciona à conciliação na grade curriculares dos cursos graduação em direito.

E mais, a FGV, responsável pela aplicação do exame de ordem vem exigindo matérias relacionadas aos meios de solução de conflitos, a mediação e mecanismos de solução alternativa adequada de conflitos, negociação, conciliação, mediação, arbitragem.

Oportunamente, agasalhado nas honoríficas experiências vivenciadas como conciliador no TJ SP (2010-2018) nessa segunda edição renovo a importância dos instrumentos trazidos à baila, sobretudo os métodos consensuais de resolução de conflitos, à advocacia colaborativa e a conciliação como um modelo comprovado de justiça célere e eficaz.

Destaco também, a importância de se levar adiante a ideia em nível regional, como um trabalho de "formiguinha", a fim de contribuir para necessária mudança de cultura de modo a fortalecer o novo paradigma, que comprovadamente é benéfico para sociedade brasileira.

Enfim, além de fatos e dados, acredito que a vivência (conciliador, advogado e procurador) habilitou-me a piamente acerca da necessidade de estimular difusão de novo paradigma, a fim de inspirar nova rapaziada para o engajamento na defesa da cultura de paz.

Acerca da advocacia colaborativa esta é um convite à razoabilidade e ao bom senso em face da via tradicional que é, para muitos, penosa e quase sempre marcada pela triste sensação de injustiça. A ideia central dessa prática é propiciar um ambiente de cooperação. As partes colaboram entre si para encontrar uma solução viável. Para que isso seja possível, os advogados assinam um termo de não litigância.

Em síntese, a advocacia colaborativa apresenta-se vantajosa para todos os envolvidos, partes e seus representantes, destacando que o trabalho de resolução extrajudicial do conflito executado pelos advogados é remunerado como qualquer outro, seja com valor de pró-labore, seja a título de êxito ou hora de reunião de negociação (*time sheet*).

Em remate, sugiro aos colegas que aprofundem os estudos sobre o abordado nesta obra, dissemine de concepção de projetos que viabilizem a implantação dos métodos consensuais de resolução de conflito, advocacia colaborativa e a justiça restaurativa no âmbito das administrações públicas em PADs, pois profícuas a *"res publica"* em procedimentos instaurados com superveniente perda do objetivo sindicante.

Concluo essa segunda edição com a cereja do bolo aos caros leitores que chegaram até aqui, digo eu que, em verdade, a advocacia colaborativa e outros métodos negociais de resolução de conflito focam nos resultados no efeito construtivo, na medida em que possibilita a resolução consentida, mitigando o ranço cultural inserto na heterocomposição, ensejo, entre os inúmeros benefícios das quais gozam os profissionais adeptos da nova expertise, figura o bônus de compor a lide jogando uma pá de cal na controvérsia em prazo ínfimo.

Referencial bibliográfico

BONAPARTE, Napoleão. Tradução Edson Bini. "*O Príncipe*" *Comentários de Napoleão Bonaparte*. 14. ed. Curitiba-PR: Hemus Editora, 2002.

BENETI, Sidnei Agostinho. *Da conduta do Juiz*. 1. ed. São Paulo: Editora Saraiva, 2003.

BOBBIO, Norberto. *Estado, Governo, Sociedade* – para uma teoria geral da política. Tradução de Marco Aurélio Nogueira. 7. ed. São Paulo: Paz e Terra, 1999.

CARDOSO, Fernando Henrique. *A cultura das Transgressões no Brasil*: Publicação do ETC. O Instituto Brasileiro de Ética Concorrencial em Parceria com IFHC Instituto Fernando Henrique Cardoso, 2008.

CARDOSO, Fernando Henrique. *O príncipe* Nicolau Maquiavel – Prefácio de Fernando Henrique Cardoso. Tradução de Maurício Santana Dias. São Paulo: Editora Schwarcz Ltda., 2010.

CORTELLA, Mario Sergio. **GESTÃO DO CONHECIMENTO: UM DESAFIO NECESSÁRIO, Palestra realizada no Salão Nobre da ordem dos Advogados do Brasil, Secional São Paulo, em 13 abr. 2016, organização OAB-SP. Disponível em:** <http://www2.oabsp.org.br/asp/cultura/cultura05.asp?pgv=a&id_cultural=18070>.

CURY, Cesar Felipe. Mediação e conciliação sob a óptica do novo Código de Processo Civil. *Palestra organizada pela Comissão da OAB vai à Escola da OAB de Niterói.* Realizada no Estado do Rio de Janeiro (vídeo gerado por NELSON CARNEIRO, do projeto "SUA CIDADE E SEUS VALORES").

FRANKL, Viktor E. *Em Busca do Sentido* – Um psicólogo no campo de concentração. 2. ed. Editora Sinoval/Editora Vozes: Petrópolis, 1991.

FREIRE, Paulo. *Educação e mudança.* 3. ed. Rio de Janeiro: Paz e Terra, 1981.

FREIRE, Paulo. *Pedagogia da Autonomia*: Saberes Necessários à Prática Educativa. São Paulo: Paz e Terra, 41. Reimpressão, 2010.

GOMES, Luiz Flávio. *O Jogo Sujo da Corrupção*. Bauru/SP: Editora Astral Cultural, 2017.

HAMURABI, Código de, MANU Código de, TÁBUAS lei das, Supervisão editorial de Jair Lot Vieira. 2. ed. Bauru/SP: Edipro Editora, 2002.

HELENA DINIZ, Maria. *Compêndio de introdução à Ciência do Direito*: Introdução à Teoria Geral do Direito, à Filosofia do Direito, à Sociologia Jurídica e à Lógica Jurídica. Norma Jurídica e Aplicação do Direito. 22. ed. São Paulo: Saraiva, 2011.

HOBBES, Thomas. *Leviatã ou Matéria e poder de um estado eclesiástico e civil.* Tradução de João Paulo Monteiro e Maria Beatriz Nizza da Silva. 2. ed. São Paulo: Abril Cultura 1979 (Os Pensadores).

LEWANDOWSKI, Enrique Ricardo. *Entrevista do Ministro presidente do STF, promover o tema a uma das 12 prioridades da Justiça no* Biênio 2015/2016. Extraído do site do CNJ em 20 jul. 2016 às 18h02m. Disponível em: <http://www.cnj.jus.br/noticias/cnj/81385-balanco-final-da-semana-nacional-da-conciliacao-revela-recorde-de-acordos>.

MENDES, Antonio Celso. *Diálogo com a Filosofia*. 2. ed. Curitiba/PR: Editora JM, 2000.

Mendes Veiga, Hélio Silva de Vasconcelos; MARTINS, Gonçalo e outros. *Antologia de Poesia Brasileira Contemporânea*: "Além da Terra Além do Céu" – Volume II. São Paulo: Chiado Editora, 2017.

MELLO, A. Leonel. In: Francisco C. Weffort. *Os Clássicos da Política* – Volume 1, 12 ed. [S.l.: s.n.], 1999.

MONTORO, André Franco. *Estudos de Filosofia do Direito*. 2. ed. São Paulo: Editora Saraiva, 1995.

ROUSSEAU, Jean-Jacques. *Do Ccontrato Social*: discursos sobre a origem da desigualdade entre os homens, Tradução de Lourdes Santos Machado. 2. ed. São Paulo: Abril Cultural, 1978.

SANTOS, Letícia M. *Impactos de um curso a distância para os estudantes nos planos pessoal e profissional*. Dissertação de mestrado (Fundação Visconde de Cairu), 2008.

SOLOMON, Roberto C. *A melhor maneira de fazer negócios*. São Paulo/SP: Negócio Editora, 2000.

ZAFFARONI, Eugenio Raul; PIERANGELI, José Henrique. *Manual de Direito Penal Brasileiro – Parte Geral*. 5. ed. São Paulo/SP: Revista dos Tribunais, 2004.

Impresso em outubro de 2020